おれは老人？

平成・令和の〝新じいさん〟出現！

勢古浩爾

清流出版

まえがき

わたしは現在七十七歳である。

世間的には、まぎれもない老人である。どうあがいても、ごまかしがきかない。

しかし、「世間的には」という保留が、未練である。

ほんとうの実感をいいましょう。

わたしはじつは、自分を、老人だとは思っていないのである。


冗談でいっているのではない。本心である。

このことに、わたしは自分で驚き、ほかの老人たちはどう思っているのだろうか、とちょっと調べてみたのである。一、二、思い出したこともある。

いや、驚きました。

だれもが、自分を老人だとは思っていないのである。

例えば、わたしと同年の南伸坊（七十七歳）は当然としても、あろうことか九十二歳の五木寛之も、自分をじいさんだとは思っていないのだ（敬称略。以下同）。おばあさんでは、キャシー中島（七十二歳）も、また黒柳徹子（九十一歳）も、みんな、自分をおばあさんだとは思っていないのである。

驚くべき真実ではないか（そうでもないか）。

そうか、老人は昔から自分を老人だとは思っていなかったのか、とわたしは新発見をしたように思った。

しかし、それはいささか早とちりだったようだ。

じいさんの外見が一変した（おばあさんはよくわからない）。

町や街を歩けば、一目瞭然だ。

キャップをかぶり、シャツを垂らし、半ズボン（夏場だけ）を穿き、スニーカーを履いている。

さらにポシェットかカバンを肩から斜めに下げるか、ウエストバッグを装着している。

現代じいさんの一丁でき上がりである。

バリエーションはいろいろあるが、これが典型的だといっていい。

そして恥ずかしながら、これはわたし自身の姿でもある。

こんな格好のじいさん、昔のじいさんとおなじなわけがないのである。

じつをいうと、わたしはこんなキャップ老人たちに反感をもっていた。

どいつもこいつも判で押したような格好をしやがって、おれはじじいになってもあはならんぞ、思っていた。

が、いざ自分が老人になってみると、あれほど嫌っていた「どいつもこいつも」じいさんの仲間に入っていたのである。

これが、今日はなにを着ようかと考える必要がなく、楽なのだ。

若作りをしたいのではない。

なかには「若さ」を強調したいものもいるかもしれないが、楽な格好が一番、と考えた結果、こんな格好になってしまったのである。

みなさん、すみませんでした。


外見だけではない。

心も若い頃の心をそのまま持ちつづけている。

現代の老人たちの多くは、いってみれば団塊老人である。

内面の価値観も変わってしまったようである。

したがって、行動も変わってしまった。

考えてみれば、パソコンを使い、スマホに馴染み、ユニクロが好きで、長寿世界一を経験し、「人生一〇〇年時代」という意識を刷り込まれ、生意気にもグルメを知り、全世代のなかで一番裕福で、個人主義で生きてきた現在の老人が、昔（やはり明治時代だろう）の老人とちがうのは当然である。

公平に見れば、現代老人（わたし自身）の格好はへんである。

だってじいさんなのに、キャップをかぶり、半ズボンを穿いているのだ。昔CMでちょっと人気があった、野球帽を横っちょにかぶったエマニエル坊やが老けたみたいである。

ところが老人本人は、そうとは知らず、満足気である。

そういう意味で、現代の老人は、老人の新形態（新じいさん）であるといったほうがいい。

しかし外見が現代的に変わっても、また生きるモチーフが現代的に変わっても、老人のあり方が変わったわけではない。

どうしても年は取り、体は衰え、死ぬことに変わりはない。

裸になってみれば、昔のじいさんとおなじシワシワ体だ。

老人ではない（心の部分）とは思っていても、実際には老人であること（現実の部分）はわかっている。

ただ現代の老人は、老人とは思っていない分、心と現実のギャップが大きくなり、その自己矛盾を処理するのが下手になっている。

その自己矛盾に気がついていない老人もいるのだ。


また、老人になっても、わたしには「わたしの昔」がある。

わたしは現在を生きながら、より多く、「わたしの昔」を生きている気がする。

過去と現在の対立だ。

わたしは七対三ぐらいの割合で、今も「昔」を生きているのかもしれない。

これは自分と世間の価値観のギャップの問題だ。

わたしは若い頃から、世間とは相性が悪いのである。

心と現実のギャップは、体の老いに如実に現れる。そして、これぱかりはどうにもならない。

思い切り、現実の衰えによってしっぺ返しを食ってしまうのだ。

強がってもしようがない。細々と、健康第一を心がけるしかない。

わたしは、これからの生活に多くを望まない。

静かな生活を望むだけである。
そのために、不快になるだけのニュースを見なくなった。
テレビも余計な番組を見ない。
芸人も芸能人も見ない。
要するに意識のうちでは、極力、世間の外で生きるようにしたいのだ。
わたしの考えでは、そういう生き方ができるのが、「現代の老人」である。

1 わたしは老人ではない

2 平成・令和時代の新じいさん

3 みんな好きに生きている

4 心は若いが、身体が老けている

5 二回目の救急車と道路顔面突入

6 ちょっと前向きな話

7 ニュース断ち

8 テレビ断ち、芸人断ち、CM断ち

9 意味も価値もない人生を生きていく

1

わたしは老人ではない

老人に関する衝撃の真実

わたしは南伸坊のファンで、かれのたいがいの本は読んでいる。有名人に似せた無理やりな顔面扮装（上半身扮装）をした『本人遺産』など、最高におもしろい。

養老孟司との対談本『老人の壁』(毎日新聞出版、二〇一六）のなかで、南伸坊はさりげなくこんなことをいっていた。

「いつまでも若いつもりでいないで、老人の自覚をもたないと」とは思うものの、「どうも実感がないんです」と、南は養老に訴えていた。

このとき、南はたぶん六十九歳。

どうも自分にはじいさんになった自覚がない、といっているのだ。

いや、わかるわかる、じつはおれもそうなんだ、と、これを読んだわたしは思わなかったらしい。そのときは、「フムフム」と読み飛ばしたようなのだ。

南伸坊は、老人の自覚がないのは自分だけなのか、と心配になったようで、養老孟司に、「先生は、ご自分を老人だ、と思われますか？」と訊いている。

ところが養老は、さらに南の上をいっていた。

年下の人に案内されたり、タクシーを降りるときにもたもたするようなときには、おれも年取ったなと思う。しかし、「じきに80ですが、一人でいたら絶対思いませんね」。

そこでさらに、南は養老に「(わたしが) 70歳になったらさすがに思いますかね」としつこく訊いているが、ここでも養老の答えがいい。

「思いませんよ」

いいなあ。はっきりしていて。

思うわけないじゃないかと、いう口調である。だってもうすぐ八十になるのに、じじいとは思わない、といまいったじゃないか、と。

しかしわたしは、ふふ、この二人の掛け合いはおもしろいな、とのんきに思っただけで、この部分もそのときは読み飛ばしたのである。

二人は重要なことをいっていたのだ。

思えば南伸坊は、この対談の前の本でもこう書いていたのである。

「私はいま、六十七歳であって、歴《れっき》とした前期高齢者であるけれども、『おじいさん』のつもりがまだないのだ」

あるいは——

「ははは、昔は若かったなあ。と思うなら、今は、なるほど『おじいさんになった』理屈だけれども、どうしてもその実感が伴わない。冗談でも嘘でもなく、いまでも気分はペーペーの若者なのだ」(『おじいさんになったね』海竜社、二〇一五)

わたしはいまにして思うのである。

南伸坊は衝撃的なことをいっていたのだ、と。

南伸坊も養老孟司も、七十になっても八十になっても、自分が老人だとはすこしも思っていないのである。

ということはつまり、現代の年寄りはだれひとり(?)、自分が老人だとは思っていないということだ。

これは、老齢以前の人々にとって、衝撃の事実ではないだろうか。

ええ？　年寄りは年寄りのくせに、ちっとも年寄りの自覚がないのか、と。

南伸坊はまたこのようにも書いていた。

よほど自分にじじい意識がないことが、気になっていたのだろう。

「団塊世代の、ほぼ50％は、自分を老人と思っていない」。ということは当然、「残りのほぼ50％が、自分を老婆と思っているはずがない」（『オレって老人？』ちくま文庫、二〇一八）。

いまや全員が後期高齢者（七十五歳以上）となった団塊の世代八〇〇万人（？）だが、だれひとりとして（ちょっといいすぎか）自分を老人や老婆と思っていないのだ。

全員老人なのに、である。

突然、じじいじゃないことに気づく

わたしが、そういえばおれは、自分がじいさんだとは思ってないな、と気づいたのは、三年ほど前である。

突然、そう思ったのである。まるで自分が発見した事実であるかのように。

しかし考えてみると、南伸坊が前からそういうことをしきりにいっていたな、と思い出したのである。

これは自分自身にとっても衝撃だった。

老人の方は、みなさんも自問してみてください。

深夜か、喫茶店でか、公園でか、どこでもいいのだが、ひとりでぼんやりしているとき（これが大切だ）、老人と意識して行動しているかどうかを。

そういえば、「おれはじじいだ」と思ってはないなと、気づかれないだろうか。

わたしは、そうか、「おれはじじいだ」と思ってないんだ、と気づいたのである。

そうと気づいてみれば、それ以降、ほかの老人がそのことについてどう考えているかが気になるようになった。

九十二歳の五木寛之も若いつもり

『週刊文春』のコラム「ツチヤの口車」を連載している土屋賢二もまた、そのコラムのなかでこんなふうに書いている。

「お〜い！　賢二！　七十九歳のお前だよ。こんなに長生きすることに驚いているだろうが、ここまで生きるのは、努力なしにできる数少ないことの一つだ（百歳の人に聞いても、『何もしていない』としか言わないだろう？）。なお、同じくらい努力なしにできることは死ぬことだ」（「ツチヤの口車」『週刊文春』二〇二四・二・一号）

ここまでは前口上である。ほんとに引用したいのはこのあとの部分である。

こう書いている。

「自分が歳をとるとは思ってもいないから関心がないだろうが、歳をとっても気持ちは若いよ」

このエッセイの表題は「三十五年前の自分へ」となっている。

土屋は七十九歳（現在は八十歳）になっても「気持ちは若いよ」と明言しているのである。

実際、かれのエッセイはじいさんの文章とは思えないほど若い。そのことが逆に、じいさんの文章だともいえなくもないが、受け狙い満々である。

けれど八十歳ぐらいで驚いてはいけない。

五木寛之は現在九十二歳だが、かれもまたこんなふうにいっている。

「年寄りになったからといって、枯れないのが人間の心というものである。いやむしろ身体的に衰えた分だけ、世俗的な欲望は高まってくるのではないか」

「体は枯れても、心は枯れない。この不自然な矛盾が、高齢者の生き方を厄介なものにするのである」(『うらやましいボケかた』新潮新書、二〇二三)。

五木がこれを書いたのは、二年ほど前だと思われるが、欲望が高まり、「心は枯れない」ことが、すなわち、わたしは老人ではない、といっているのだ。

老人もけっこう図々しいな、と思うのはまちがっている。いや、図々しいのはそのとおりだが、そもそも人間が図々しいのである。

おれもいつ死ぬかわからんよ、などといいながら、本気で死ぬとは思ってないし、七十になれば、八十になれば、こうなるよ、といっても、実際に七十になり、八十になったら、またべつのことをいうのだ。

いずれみんなに罰があたる。

女子もおなじくしたたか

老人というからには、じいさんだけではない。

当然、ばあさんも、ばあさんだとは思っていないのである。

昨年、「徹子の部屋」にキャシー中島が出た（調べたら一月十一日の回）。彼女は今年七十二歳であるが、〝まったくそんな年だと思っていない〟と語っていた。

黒柳徹子も九十一歳なのに、我が意を得たりとばかりに食い気味に、〝わたしもそう〟と同調していた。

女子はたぶん、じいさん以上に、したたかである。

訊いてみたことはないが、老婆になっても、だれが老婆だって？　わたしはまだ若いよ、と思っているにきまっている。

それになんだよ老婆って？　そんな言葉はもう死語だよ。


中野翠もまたこういっている。

「六十歳になった時、いわゆる還暦というやつだなと思い、（略）世間的にはもはやバアサンということらしい」

「それなのに、私は老いというものをあんまり実感できなかった。ピンと来なかった」（『ほいきた、トシヨリ生活』文春文庫、二〇二一。『いくつになっても　トシヨリ生活の愉しみ』を改題）

中野は六十歳になったとき、「世間的」にはバアサンになってしまったが、個人的には老いの「実感」がなかったといっている。ふふ、そのままだ。

「世間的」というのは人との関わりのなか、という意味である。その世間によって、人はじいさんやばあさんにさせられるのである。

「それからアッという間に十年が経って古希となり、さすがに、いささか動揺しました」と中野はいう。

「昔に較べて平均寿命がのびたとはいえ、七十代といったら、もはやハッキリとジイサンバアサンでしょう。（略）鏡を見れば、順調に（？）老いは忍び寄っているのだった」

ここで中野は、自分の現状を世間の目で見ている。

ついに老けた自分の容貌に負け、世間に負けることになるのだ。

六十と七十では老人度があきらかにちがうのだ。

「というわけで（今のところ、実感は薄いのだけれど）私もバリバリのバアサンであることを認めることにしました。受け入れることにしました」

無念である、という気持ちがにじみでている。

だがそれで、自分はまぎれもないバアサンだと完全に納得したのかというと、いやいや、なかなか。

中野翠はわたしより一歳上で、ときどき容貌に負け、世間に負けることは認めても、ひとりでいるときは、依然として老婆（！）の実感はないはずである。

彼女も心はまだ若いままだ。

老人はしぶといのだ。

2

平成・令和時代の新じいさん

昔のおじいさんも、自分は老人ではないと思ってたのか

昔の老人は自分をどう思っていたのだろうか。

かれらも、ひとりでぼんやりしていたときは、老人という意識はなかったのかな、と考えた。

いつの時代でも、老人という生き物は、そういうものかなと。

いやいや、そんなわけはあるまい。

考えが浅はかだった。

五木寛之や黒柳徹子が、自分は老人という意識がないというのなら、九〇年前の老人もそうだったのではないかと思ったのだったが、考えてみれば、五木や黒柳が老人になったのは、つい最近、二〇〇〇年前後のことである。

かれらも二〇〇〇年以前は、まだ若かったのだ。

だから、昔の老人もまた、と思ったのだが、昔、の意味がちがう。

最近、八十、九十になったのはだめだ。少なくとも、戦前、戦中に老人でなければ、昔の老人の対象たりえない。

しかし明治、大正時代の老人が、自分を老人だとは思っていない、なんてこと、到底ありそうではないのだ。

戦前の老人ということでイメージするのは、もう一も二もなく笠智衆である。その次に、なぜか永井荷風である。長身の背広姿にハットをかぶり、ステッキをついていたダンディなイメージが思い浮かぶ。

調べてみると、笠智衆は明治三十七年（一九〇四年）生まれ、永井荷風は明治十二年（一八七九年）生まれで、驚いたことに笠智衆は荷風より二十五歳も若いのだ。なにしろ、『東京物語』に出演したのが四十九歳のときだものな。イメージはあてにならないものである。

荷風が死んだのは昭和三十四年（一九五九年）。七十九歳である。現在のわたしと二歳しかちがわない。

だがかれが老年をどう思っていたのか、はわからない。『断腸亭日乗』を紐解けば、なにか書いているかもしれないが、そこまでするつもりはない。そこまでして、知りたいというわけではないのだ。

昔の老人は、まだ若いもんには負けんぞ、ということなら考えたかもしれない。実際、力が強いじいさんが多かった。

しかしそれは、おれは老人じゃないと思っていたのとはちがう。

だいたいキャップをかぶってはいなかったし、半ズボンにスニーカーなど存在しなかった。バッグを斜めにかけたりしなかった。

そんな妙ちきりんな格好をせずに、おれは老人ではない、などと考えるのは無理がある。パソコンもスマホももっていない。

いや、昔のじいさんが、自分をどう思っていたか、などどうでもいいではないか。ちょっと方向がまちがった。

自分で書いておきながら、わからなくなると、やめてしまうのはわたしの悪い癖だが、考え直してみると、たしかに昔の老人のことなど、どうでもいいのだ。

現代の老人がどうなのか、がわかればいいのである。

平成・令和に七十歳以上になった老人のことである。わたしを例にとれば、団塊の世代が初めて七十歳以上になったのは、二〇一七年（平成二九年）である。

そんな老人を典型的な現代老人と考えてみる。

ユニクロ老人とレオン老人

「まえがき」でもすこし触れたが、わたしが考える、現代のじいさんの典型的な姿はこれである。

キャップをかぶり、シャツを外にだらしなく垂らし（だらしない、という言葉は死んだ？）、半ズボンにスニーカーを履いている。

加えて、リュックを背負うか（しかしリュック派は意外と少ない）、肩からポシェットかバッグを下げるか、ボディバッグかウエストバッグを装着している。

これで、現代じいさんのでき上がりである。

バリエーションはいろいろある。

キャップも野球帽か簡素なもの、シャツもTシャツか、柄シャツか、ポロシャツか、さまざま。ふつうのズボンやジーパンもある。スニーカーもブランドものから、廉価なものまで。

こちらは、ユニクロ派かワークマン派だといっていい。

その多くの老人は、いまはこうよ、と家族に勧められたか、そうかいまはこれが流行っているのかと、自分の趣味趣向を取り入れたかのじいさんスタイルである。

この質とスタイルが典型的だといっていい。

恥ずかしながら、これはわたし自身の姿でもある。

服装に金をかけるのは、根本的にばかばかしい、と思っている。基本的にユニクロかワークマンで十分である。

ただそのなかでも好みがあって、わたしが好きなのは柄も色もシンプルなものだ。

それならとくに文句はない。

ところがなかには、おれは一味違うぞと、髪の先からつま先まで、高価なもので決めまくり、カッコいいじいさん、イケてるじいさんを意識している連中がいる。

こちらは、いわばレオン派である。

ジローラモが表紙の雑誌『ＬＥＯＮ』を読んでいるかどうかは知らないが、カッコつけているじいさんをとりあえずレオン派と呼んでおく。

もちろん、少数である。

わたしはこの一派をよく知らないから、服装の特徴を詳しくいうことができない。

それでパス。

これより、もっと少数派がいる。

ヒップホップじいさんだ。

これはひとり見かけた。ごついヘッドセットを着け、でかいスニーカーを履いている。やめればいいのに。

何派でもいいが（ほとんどはユニクロ老人）、こんな格好のじいさん、昔のじいさんとおなじなわけがないのである。

現代の老人たちの多くは、いってみれば団塊老人である。内面の価値観もまるっきり変わってしまったようである。

「おれはおれ」と考えることが新しい

現代の老人はひとりでいるとき、八十になっても九十になっても、自分が老人だとは思っていないということがわかった。

老人のようで老人ではない、老人ではないのに老人だ。

この南京玉すだれ状態の不思議な生き物は、いったいなにか。

養老孟司は、ひとりでいるときは自分が老人と思わない、と気持ちよく明言していた。これが現代の老人の真実である。

というより、人間の真実である、といいたいところだが、そこまでいいきる自信はない。明治時代に八十代をすごした老人がそういってくれれば助かるのだが、そこまで確かめることはできない。

しかし人間がひとりでいるとき、かれは何者でもないかもしれない。

老人だけではない。

若者も、ひとりでいるとき、「おれは若さピチピチだ」と思うわけがない。

ひとりでいるとき、おれは男だ、と思うバカ者がいるか。

おれは偉い。

おれは会社員だ。

おれは強い、などと思うわけがないのだ（いや、いるのか？）。

でもまあ、そのことはとりあえず置いておこう。

ともかく現代の老人である。


南京玉すだれ状態の不思議な生き物について、南伸坊はこういっている。

「一人じゃわからない。自分はずーっとつながってるから『おれはおれ』なんですね」といまにして思えば、じつに正しいことをいっている。

わたしの場合も、ひとりでいるときはたしかに、「おれはじじいだな」と思わないのだった。

ではどういう感覚かというと、たしかにずっと「おれはおれ」なのである。

「おれ」という意識だけが、子どもの頃からずっとつづいている。

その「おれ」が、中学生になり、大学生になり、成人になり、中年になり、初老になり、いまや後期高齢者になっている。

しかし、中心にあるのはいつも「おれ」(自分)なのだ。

そこには若い自分も、老いた自分もないのである。

この「おれ」(自分)をもっと微細に観察していくと、どこかで「考える葦」とか、「我思う、故に我あり」とか「自我」なんかにつながっていきそうな感覚があるのだが、面倒くさいことになる前に、やめておこう。

たぶんこの「おれはおれ」という意識が新しいのだ。

もしかしたら昔の老人も、ひとりでいるときは、別に老人という意識はなかったなあ、というかもしれない。

しかし「おれはおれだ」とは考えなかったのではないか。

この意識が、「おれは老人だ」とか「いい年をして」とか「年相応に」とか「老いらくの恋」とかいう、老いの否定的側面よりも上回っている。

「おれはおれ」は世間と接触することによって、すぐ「おれは老人」にひっくり返る。

しかし、たとえひっくり返ったにしても、現代の老人が住む世界は、昔の老人が住んでいた世界とは、まるでちがう別世界だ。

テレビが出現したときも、世界は変わったはずである。

昔は一家に一台、電話を引くことが大変だった。

だが、いまでは一人ひとりがもっている。

ばかでかいコンピュータもいまではスマホに入っている。

テレビもネットや動画配信によって取って代わられつつある。

老人の自分がひとりでいるとき、「自分は老人だ」とは思わなくなった老人。

「おれはおれ」と考える老人、それは新しい老人である。

住んでいる世界も、五〇年前と完全にちがった世界に住んでいる現代の老人（もちろん老人だけではない）。

一見すると、見慣れた、なんの変哲もない老人だが、なにからなにまで現代的形態だ。現代の老人は、老けたエマニエル坊やである。

けれど一言いっておきたい。

新しいが、けっして、偉いわけではないということだ。

老人は汚い、は禁句か

五木寛之が「体は枯れても、心は枯れない。この不自然な矛盾が、高齢者の生き方を厄介なものにするのである」と書いていた。

どう「厄介な」生き方になるのか、五木はとくに書いてはいない。

だが、老人になると、身体が衰える分、「世俗的な欲望は高まってくるのではないか」といい、その結果、例として「世にいうヒヒ爺」になることを挙げている。

たしかにそういうことはある。

「ヒヒ爺」になるか、田原総一朗のような「おれは偉いんだぞじじい」になるか、である。

問題は、老人がそれを「厄介な」ことと考えていないことである。

それどころか、老人であることを忘れて、調子に乗っているフシがある。客観視できず、「おれはおれ」意識でやっているのだ。

世間と心がまったくかみ合っていない。

本人は「おれはおれ」と思っても、世間ではただのじいさん、ということがわかっていない。

そして世間でもいわないし、老人本人も避けているが、五木のいう「体は枯れて」とは、体が弱ったり衰えたりすることはその通りだが、それ以上に、はっきりいって体が汚くなる、ということをいっている。

いや、もし五木本人がそこまでいってないよ、というのなら、わたしがそういいたがっている。

老人になると、体も、顔も（皮膚も）、いやおうなく汚くなる。

汚くなるというのがいいすぎなら、年を取れば取るほど、男も女も容色が衰える。

まぎれもない事実だ。

だから女性は抗うのではないか。

ひとりでいるとき「老人」を意識はしないが、ひとりで鏡を見るとき、我々が見るのは「老人」以外の何物でもない。

こんな事実は社会的にいわないことになっているのか。

そんなあたりまえのこと、いってどうする、ということか。

「ルッキズム」（外見重視主義）はいけない、ということになっている。

だがこれがウソバレバレのタテマエ（ポリティカル・コレクトネス）であることは、みんなわかっている。

マスコミも、スポーツ界も、芸能界も、普通の世間も、世の中はすべて、それで動いているではないか。

老人じゃないと考えて、調子に乗る

わたしはわたしの「汚さ」を自覚する。

体は枯れる。しかし心は枯れない。「この不自然な矛盾」について、わたしは体の「汚さ」に軍配を上げるのである。

この矛盾を解消する方法はあるか。

できるだけ体型を維持するようにする。肥満は許せない。が、体のシワはどうしようもない。皮膚のタルミもいかんともしがたい。

だからせめて、こういうことを心がける。

身ぎれいにする。

立ち居振る舞いは穏やかに。

言葉遣いは柔らかくする。

養老孟司が「年寄りはにこにこしてればいいんですよ」といったと記憶しているが、

その意味も、こういうことだろうと思う。

怒るな、無礼な振る舞いはするな、穏やかにしておけ、ということだと思う。

別段こういう所作は老人の専売特許でもなんでもないが、昔から、老人ならこういうことができてあたりまえの心がけだったはずである。


だが「おれはおれ」意識は、現代的欲望に似せていくのである。

だから、こういう辛気臭いことはそっちのけで、都合よくこう考えて納得する。

「年相応」など、ない。

恋愛に「いい年をして」など、ない。

したいことがあったら、いくつになっても遅すぎるということは、ない。

第二の人生だ、楽しむがいい。

人生は一回きりだ、楽しむがいい。楽しまないと、損だ。


これが現代の年寄りがもっている「おれはおれ」意識である。

「おれ」意識は「老人」意識に優越するのである。

正直にいうと、わたしにもそのような「おれはおれ」意識がある。おれはいいけど、あなたはだめ、という自己優越意識もある。

けれど、わたしは昔の感覚がいまだに体から抜けきらないせいか、その自分意識にずぶずぶになることはない。

酒が飲めない体質というものがあるように、「おれはおれ」にずぶずぶになることができない体質なのだ。

自意識はバカである

しかし「おれはおれ」の「おれ」は、当然ながら、一種類ではない。

人の数だけ「おれ」はあるのだ。

セクハラ老人は、おれはまだ男としていけてる年だ、と思いたいのだろう。見た目年齢も運動能力も、まだ十分だ。

人間の感情はバカだから、いくつになっても自惚れがある。

自分はいけてる、と思いたいらしいのだ。


わたしは若い頃は、自意識が強かったと思う。

しかしそれは、目立ちたがりな、おれがおれがの自我意識ではない。

他人にどう見えるか、どう見られてるかという意識が強く、自縄自縛になっていた嫌いがある。

そういう自分が好きではなかった。

自我はおそらく人よりも弱く、したがって自我に振り回されることはなかった。目立つことは極端に排除した。自意識で自我意識を抑制することができた。

昨夏、東京都知事選に立候補した田母神俊雄（一九四八年生まれ）が選挙期間中、売り文句だったのだろう、しきりに「私は本当に良《い》い人なんです」としゃべっていた。

おそらく「良い人」なんだろうと思う。

だが、そんなことをいえば、わたしもまたそういうことができる。

しかし口が裂けてもそうはいえない。そもそも立候補するという時点で、かれとわたしとは決定的にちがう。

そもそも、世間の多くの人にわたしは追いついていないのだ。

自我意識の弱い人間なんて、現代では社会人失格でしょう。

もっと自由闊達《かったつ》に生きられたなら、どんなに楽なことかと考えたこともある。

だが三つ子の魂百まで、である。そう簡単には変えられない。

それがいまにいたるまで、わたしの内部に残存している「昔」である。もう若い頃のような自意識の塊《かたま》りは消滅しているが、まだいくらかは残っている。

自意識はバカである。なんのプラスにもならない。

それとも、なにか自分の役に立っているのか。

七十七歳にもなって、いけてるもなにもないのである。顔にシミが出、髪はなくなり、筋肉は落ち、歩く姿はヒョロヒョロなのだ。

だがバカな自意識がそんな自分を、自分で思うほどひどくないんじゃないか、まだ大丈夫じゃないか、と思っているのである。バカだねえ。

当然、こんなバカな自意識はこっぴどいしっぺ返しにあうことになる。世間はそんなバカなじいさんを許すわけがないのである。

現代の新じいさんは、独特の風体をつくりだした。それと同時に、新しい考えを打ち出したかというとそれはない。

「おれ」を甘やかしただけである。

いや、これも「甘やかし」のひとつだが、世間のくびきを脱して、好きに生きる、第二の人生だからな、と考えたことは新しかった。

これは自分で考え出した考えのように見える。しかし、それは時代が押し上げた考えだったのである。

自分の手柄のように、いばることではない。

3

みんな好きに生きている

新じいさんは普遍的か

キャップをかぶり、バッグを斜めにかけ、半ズボンとスニーカーで町に繰り出している老いた珍奇な生き物——新型老人——は、しかし、日本全国で見られる普遍的なじいさん像か、となると、わたしには自信がない。

アメリカではトランプ、バイデン、クリント・イーストウッドなどに見られるように、野球帽をかぶるのはあたりまえ。アメリカでのゴルフ中継を見ると、中年のギャラリーのほとんどが、申し合わせたように半ズボン姿で、バカじゃないかと思ったものだ。

ところがいままでは、わたしが居住する東京近郊の埼玉の町では、二人にひとり、もしくは三人にひとりは見られる典型的な老人の姿である。

しかし県内のほかの市町村でもそうか、と訊かれると、わたしは知らない。

年に二回ほど行く奈良（たまに京都）では、それほど見かけないような気もするし、年に数回行く東京でも、多く見かけたという印象はない。

新じいさんよりも、ひとりのじいさんが大事

どうしても人間は、自分を中心にして考えることから免れられないものらしい。

わたしが書く「老人もの」は、わたしの生活の周辺の老人のことである。

あるいはわたし自身のことである。

というのも、わたしが現実に詳しく知っている老人といえば、わたしだけだからである。ほかには、もう亡くなった父と母だけである。

しかし父はキャップなんかかぶりもしなかった。

母は孫たちだけが生き甲斐だった。

若い人から、あんたは老人だから、老人一般についてはよく知ってるのではないか、と思われるのも無理はないが、はっきりいって、ほかの老人のことは知らない。

あなたも老人になってみればわかるよ。

キャンピングカーで夫婦で日本一周をしている人とか、老人劇団に入っている人とか、朝早く起きて、遠くの町まで行ってラーメン店の行列に並ぶ老人とか、終活で自分の墓を買った人とか、テレビで見るだけで、そりゃあそういう人はいるだろう、といわれておしまいだ。

ユニクロ老人が大半とはいっても、そのなかでも一人ひとりはちがう。

ユニクロ老人以外にも、おれってどうよ、と挑発的なおやじがいる。

意味がわからないが、両腕は手首まで、脚は太ももに入れ墨を入れて、ミニベロ（小型自転車）に乗った六十代くらいのおやじだ。いずれじじいになる。

こういうのは暑苦しい。

目を合わさず、刺激せず、ほっておきましょう。

老人を一般的に語ることはできない。それはつねに心に引っかかることだが、こればかりはどうしようもない。

老人だけではない。若者も、中年もおなじだ。男も女もおなじ。

一般的に語ることはできたとしても、かならずどこか足りず、どこか過剰である。都会に住む老人か、田舎に住む老人か、のちがいをあげつらうよりも、状況のちがいが大切である。

まず健康か病気がちか、がちがう。

これがちがえば、すべてがちがう。まず食べ物がちがうだろう。生活の仕方もちがう。わたしはCRE値（腎臓の機能に関わる）が高くて、食べるものは塩分控えめだ。

認知症の老人もいる。老々介護の老人もいる。

テレビで年金生活者の老人を見ることがある。スーパーの半額セールを待ったり、日々、節約をしている老人たちである。

年金が月四万円の年寄りもいれば、月二〇万円の年寄りもいる。

その一方で、オレオレ詐欺にひっかかる老人が、何千万円も詐取されて、みんな金をもってるんだと知り、びっくりする。

しかしほかにも、こんな人々がいるのである。

限界集落の老人

NHKの「限界集落住んでみた　宮城・栗原程野編」(二〇二四・一・八)という番組を見た。

宮城県栗原市にある程野集落は四六世帯、一〇四人(六十五歳以上が六二人)が住む山あいの集落である。イノシシやクマが出る。

撮影した村人は十数人か。若い人で五十二歳、最年長は九十一歳の女性。

程野集落では農作業が主だが、稲刈りでは一本の稲も無駄にはしない。

罠にかかったイノシシは、自分たちで解体し、肉はビニールに入れて小分けにする。

町や街ではけっして見られない光景だ。

男は普通の服装。帽子をかぶっているものもいるが、組合などからもらったもので、全然気取ったものではない。服装もごくごく普通のシャツとズボンである。

全部、作業するための実用本位な格好である。

職業は元役場の職員や宮大工。現在郵便局に勤める五十代の人もいる。

村に唯一の商店がある。

八十一歳のおばあさんがやっている。

夫を亡くしているが、そこに妻を亡くしたじいさん二人がやってきて、茶飲み話をする場所になっている。

自動販売機もなし。店はその一店だけ。

小学生が四人だけいる。

大きな自然があり、町や街とはまったくちがう暮らしである。

昔の老人というのに近い気がする。

令和二年（二〇二〇年）総務省調べによると、このような限界集落が日本全体で六万三二三七集落もある。

驚いたのはその総人口が約一〇三五万人もいることだ（一集落平均は一六四人）。

日本の総人口の約一〇パーセントにあたるが、六十五歳以上で比較してみると、その人口の何割になるだろうか。

そのほとんどの住民が、この程野とおなじような暮らしをしていると考えられる(このなかに、以前ＮＨＫの「小さな旅」で見た徳島の大歩危小歩危《おおぼけこぼけ》の集落もあるのだろう)。

こうしてみると、わたしの書くものなど、ほんの一部の都会の老人のことでしかないこと、がわかる。

いや、それもおこがましい。

まあ多少、ほかのそんなに多くない老人と共通するところがあるかもしれないが、はっきりいえば、わたしという老人のことを書いているだけだ。

すこしでも事実(真実)を書こうとすると、自分のことを書くしかないのである。

わたしが書く老人のモデルは自分

わたしは九州の田舎(長崎の佐世保)から十八歳で上京し、大学を出たあと、東京都内にある会社に三十四年勤めた。

三十代半ばから、都心から電車で約一時間のところにある埼玉県東部の町に四十年間住んでいる。

それで最近気づいた。自分ではまったく意識していないが、わたしが描く老人は、この埼玉の町のじいさんのことじゃないのか、ということだ。

スマホと車はもってないが、それを除けば、わたしの暮らしはほとんど都会的といっていいだろう。

電子メールを使い、ユーチューブを見、ジーンズとキャップを着用し、スニーカーを履き、リュックを背負い、昼の食事はチェーン店で摂る。

わたしはそんな暮らしに不満はないが、都会のじいさんにはなりきれない。なりたくもない。そんな暮らしをしているくせに、そんなじじいが好きではないのである。

頭のなかに大分県生まれ（九州出身というよりも）という意識が巣食っているからであろう。それも昔の大分である（現在の大分は、たぶん都会だろう）。

風景も歌謡曲も相撲も、当時の記憶が元になっている。

町内にも多くの老人がいた。

その後、中学生のときに住んだ、佐賀の伊万里という町にも多くの老人がいた。

そんな「記憶」が、現代の都会のじいさんを嗤《わら》うのである。

それが新しい老人とでもいうのかと。むしろ退化した老人じゃないのか。

だからわたしは、いまの時代のほとんどのことに興味がない。

わたしは現在となっては、自分が生きてきた「昔」を懐かしむが、その時々、いつも時代（世間、流行）に合ったためしがないのだ。

よくよく偏屈にできているのか。

最近も、「老後」なんかどうでもいいことだ、と思い始めている。


そんな偏屈のくせに、わたしはごく常識的な人間である。

平均的な人間でもある。

持ち家、収入、貯金、家族、病気、信仰、考え、どれをとってみても平均的というほかはない。

そんなことはあるまい、と思われるかもしれないが、そんなことはあるのだ。むしろ平均よりちょっと下、と考えてもらったほうが、実情に近いだろう。このように、人もわたしのことはわからない。

ただ平均的でない部分は、ある。

それは世間との相性なのだが、世間が当然としている価値観がわたしには合わないことが多いのである。

だから、ある種の人から、嫌な奴、と思われるようである。

しかし、それはもうしかたがないのだ。わたしもその人を、嫌な奴、と思うだろうから、おあいこである。

一人ひとりの七十七年

年齢は社会（世間）との関わりのなかで意識するものである。

いや年齢は社会が決めたものである。二十年生きたら二十歳と社会が決めるのである。

幼児、青年、成人、中年、老年、といった年代区分意識も、人との関わりあいのなかで、意識するものである。

二十歳になったときぐらいだろうか。

ああ、ついにおれもハタチか、となにやら誇らしく自覚するのは。あるいは、こんなおれが大人なのか、と。

なかには、北九州や沖縄のように、思い切り派手な衣装を着て、バカみたいにはしゃぐ連中も登場する。そんなにうれしいか、と思うが、ひとつの頂点意識なのだろう。

要するに、還暦の赤いちゃんちゃんこ、みたいなものかもしれない。

とにかくイベントにしたいのだ。それは「成人式」ということに引きずられて、「おれ」意識が全面に出た結果である。その証拠に、翌日には憑《つ》き物が落ちたように、ケロッとしている（はずである）。「今日から二十歳（十八歳？）」なんて意識は、もう雲散霧消しているのだ。

南伸坊の『おじいさんになったね』（前掲書）で共感する部分は、自分たちは成人式に行かなかったということだ。

奥さんも同年か。「お役所主催の成人式に行くって、どういうヤツだったんだろ？」と書いている。

当時、たしかわたしにも区から連絡のハガキが、アパートに来たと記憶する。なんだこれ？　と思い、捨てた。

あとで、参加したやつがいっていたが、国語辞典と映画のただ券をくれたそうだ。五十七年前の成人式だ。

もうひとつは、南伸坊の奥さんが「おじさんは玉子焼きが好きだ」と「断言した」ということだが、わたしに関しては的中している。

わたしは小学校二、三年頃の夢が、玉子焼きを卵十個で作り、腹いっぱい食べたいというものだった。

かわいそうな子どもだったなあ。家が貧乏で、ときどき出る玉子焼きは一切れだった。

それで、実際に大学生頃、やった。だが、大して感動しなかったことを覚えている。

作り方が下手、ということもあっただろう。

伸坊の奥さんは、「おじさんは缶詰めが好きだ」とも断言したというが、これは当たってない。

南伸坊とわたしは同年で、その部分では共感もするし、話があうこともあるだろう。けれど、歩んできた道がちがう。現在の境遇もちがう。

我々の世代では、集団就職で上京した人も多いことだろう。『町中華で飲《や》ろうぜ』（BS‐TBS）という番組を見ると、そういう大将がいることがある。がんばってきたんだな、と思う。

だが我々も、信じられないことに七十七歳である。

テレビを見ても、大概の老人がわたしよりも若いのだ。

同学年のなかには、どのくらいの割合かは知らないが、もう亡くなった人もいることだろう。

好きに生きればいい、という救世主

こんなさまざまな老人のことをいい始めたら、にっちもさっちもいかない。

だから、わたしは自分のことを書くしかない。

平均的、とはいってるが、ちょっと世間とは合わない性格をしているので、多くの人の参考にはならないかもしれない。

まあ、参考にならなくていいでしょ。

「まえがき」あたりで、読者にこの本がなにかの参考やヒントになればうれしい、と書くことがあるが、ふつうなんの参考にもならないのである。

十何年か前、定年本が盛んに発売されたことがある。

ほとんどが識者からの資産運用の仕方や、社会貢献の仕方、夫婦関係のあり方、地域との関わり方、なにを生きがいにするか、どんな趣味をもてばいいか、などなどの、指南であった。

なかには、定年後もしっかりした計画をもち、前向きに生きてる人は、「いい顔」をしている、なんてわけのわからんことをいう人もいた。

しかし現在では、団塊の世代の定年もすっかり終わり、今度は老後問題である。

けれどこれもまた、おなじように資産運用や、老後いくらあればいいのか、といった老後資金問題のほかに、長生きするにはどうすればいいか、とか、病気や介護や認知症対策や終活の仕方とか、果ては野菜の摂り方や薬の良しあしまで、中高年週刊誌まで参加して、指南する人が沢山いるのだ。

しかしこっちが初めて老人になった素人だと思ってか、気をつけるべき病気や、認知症にならないためにとか、細かいことをいって、不安を煽るような記事もあった。

素人は、それをやられると弱い。

そんななか、いちいちうるさいことをいうんじゃないよ、という救世主が現れた。しかも老年医学専門の医者である。

和田秀樹である。

かれが、高血圧や糖尿病や塩分の数値にうるさい日本の医学界の常識に反して、そんなに神経質になることはない、といったのだ。

酒もタバコも禁止しないのである。

老後は好きなものを食べ、ストレスもなく、楽しく生きるのが一番、という主張が、老人のあいだで支配的になっていったように思われるのである。

わたしも基本的にかれのいうことに賛成だった。

「楽しめ」は、かえって窮屈である

けれど、和田秀樹にいわれるまえから、老人は昔から、だれにいわれるまでもなく、好きに生きているのである。

限界集落の程野の人々を見て、強くそう思ったのである。

和田秀樹など関係なく（と思う）、ましてや不安を煽る情報など無関係に（と思う）、日々を自由に生きているのだった。

わたしは和田の自由に生きたほうがいいですよ、というスタンスに基本的に賛成である。かれは勇気がある。

ただ、かれの医学的アドバイスにしたがうことだけは、不安なのである。

かれは医者だから、自分で考えて、自分の経験により、日本の健康基準数値は厳格すぎるというのはいい。

だが、素人であるこっちは、それを信じきれないのである。

わたしは近藤誠の「がんもどき理論」も当初は信じていたが、いまとなっては信じきることができないのとおなじだ。


和田のいうことは正しい、と思う。しかし自分の体を実験材料にすることには、躊躇せざるをえないのである。

それに、かれに「どうせ死ぬんだから、いまを楽しんで生きよう!」(『どうせ死ぬんだから　好きなことだけやって寿命を使いきる』の宣伝文句)といわれても、これが疎ましく思われてきた。

いっているこことはわかるのである。

正しくもあるのだろう。

けれど、好きなことをしなさい。楽しいことをしなさい。これがじゃまくさいと思うようになったのである。

わたしのなかの反世間がへそを曲げる。

楽しむのはいい。

いまや「楽しむ」は時代を象徴する言葉だ。

生きる目的も、生きる意味も、仕事も、趣味も、すべて「楽しむこと」。

やかましいわ。

「楽しく生きよ」が、逆に強迫観念になる。

なんだ、楽しいことって？　楽しくなければ人生じゃないのか。かつてのフジテレビのバカ標語みたいじゃないか。

しかし人生は一回限りだから、楽しまなければ損だ、と楽しむことが強迫観念になったりしては本末転倒である。

楽しむことはいいのだが、そんなに日々の生活のなかで楽しいことがあるか、と思う。そんなに人生は楽しいか。

それとも、これもハロウィンとおなじ、アメリカ流の「楽しめ」の受け売りなのか。好きなことをせよ、好きに生きよ、というのも、それが頭に刷り込まれると逆効果である。

好きなことがそんなにないのだ。

世の中のすべてのものは与えられたものばかり

昔から老人はいた。

しかし、みんな自分が老人になるのは初めてだから、どうしたらいいのかわからないのである。

時代はわけもわからず価値の多様性などというが、ようするに味噌もくそも一緒、というわけである。くそがおれも味噌だと主張し、だれもそれはただのくそじゃないかといえない。そのくそが金を稼ぐようになったのである。

だれもが認める価値などきわめてすくない。

もう個々人、勝手にするしかないのである。

時代はSNS（LINE、X、フェイスブック、インスタグラム、TikTok）全盛である。猫も杓子《しゃくし》もやっている。

黒柳徹子もインスタグラムとユーチューブをやっているようである。

運用はスタッフがやっているのだろうが、黒柳も「こんな歳になってそんなものやらないわよ」といわずに、やはりやってしまうのである。時代の現実に合わせていくんだ。

いまではどんな格好で街を歩いても平気である。

わたしも好きにする。

わたしは学生時代から普段着はジーンズとTシャツである。それが何十年も続いている。

七十七になってもそうである。ほかにしようがないのである。若作りではない。楽なのである。

だが、いくら楽だからといって、キャップに白のランニングシャツ（いまはタンクトップというらしいが）に青色の短パンにゴム草履、といったいでたちはしない。べつにかれらは若作りしているつもりはないのである。実際、若く見えてないのだ（お生憎《あいにく》さん）。どちらかといえば見苦しい。わたしもそう見えているのだろう。だがみんな活発で、身も心も軽そうなのである。

だがわたしにも自律心はある。所詮わたしも世間が作った服を着ているだけだが、好き嫌いはある。時代に引っぱられて、そんなじいさんにはなりたくない。

世の中のすべてのことは世間や他人があつらえて提示しているものばかりである。我々はそのなかから、好きなことやものを選んでいるだけだ。

衣服も料理も娯楽も学問も宗教もスポーツも仕事も音楽も小説も、全部世間が考え出し、我々に提示したものばかりである。

わたしは何々が好き、とかいっても、その何々は他人が作ったものだ。

これを食べたら、ほかの店のものは食べられなくなる、と自慢のようにいう人がいるが、それもまた他人が苦労して作ったものである。

空気と自然以外、すべて人間（他人）が作ったものである。

そのなかから、わたしたちは選択をしているだけである。

それなのに、ただそれに乗っかっているだけなのに評価するものが出てくる。

また、それをまるで自分が考案したかのように、自慢するものが出てくる。

ファンと称する連中だ。熱狂的といえばいえるが、自分ではなにもできないくせに、大騒ぎするやつである。

自分が考案して、自分が好きになったという例をひとつだけ知っている。

ナイツの土屋伸之が小学生のときに発明したという「消しゴムサッカー」だ。

これは彼独自の発明である。偉い（ユーチューブで公開しているが、人気はない。あまりおもしろそうに見えないのだ）。

ただ消しゴムもサッカーも他人が作ったものだが、それはしかたがない。

4

心は若いが、身体が老けている

体力には自信があったのに

子どもの頃から運動は好きだった。

小学生ではドッジボール、剣道、野球、中学でバレーボールがわりと得意だった（が、足は遅かった。なんだそれ？）。

十八歳からほぼ一〇年間、空手道場に通った。準備運動から技全般を覚え、体を動かすことについては自信がつき、そのイメージが七十を超えたいまになっても、抜けきらないのである。

体力は四十代くらいに思っているのだ。

しかし若いもんには負けけん、とは思わない。

年を取ると一般に、老人は若いものをライバル視して、若いもんにはまだ負けけんよ、といいたがる。もうその時点で負けているのだ。

若いもんは年寄りなど眼中にないのである。

わたしは五十代頃まで体力には自信があった。

七月生まれだから、夏の暑さには強いんだと、つまらんことを自慢していた。

暑さに弱音を吐くやつがいると、夏だから暑いのはあたりまえじゃないかと憎まれ口をきいた。

六十代に入っても、真夏の昼下がり、近所の公園のベンチに何時間もいて、体を焼いていたりしたものだが、いったいなにを考えていたのか。

よく熱中症にならなかったものだと思っていたら、十年ほどまえ、奈良に行ったときに、法隆寺行きのバス停でクラッとなり、倒れそうになった。

はっきりしないが、たぶん熱中症だったのだろう。

水を飲み、ベンチで休んで事なきをえた。それ以来、体力に関して強がりをいったり、意地をはったりはしないようにした。

六十代の後半あたりから、めっきり暑さに弱くなった。冷房がないと耐えられなくなったのである。

考えてみれば、七月生まれもへちまもない。ただ強がっていただけで、年を取るにつれ、その強がりも意地もなくなったのである。

寒さにはもともと弱い。すきま風みたいな薄ら寒いのもだめである。

不調はあの日から始まった

早いもので二〇一八年十月に脳梗塞になってから、もう六年が過ぎた。

数えてみれば、七十一歳のときだ。さいわい、ほとんど大きな後遺症はなかった。

しかし、現在、体に関する小さな不調がいくつかある。そのすべてが脳梗塞の後遺症だとは思っていない。

たとえば、まっすぐ歩けずたまにちょっと蛇行する。

体のバランスが悪く、すぐ左右どちらかに傾く（要するに片足立ちがだめ）。

喉になにかが引っかかる。などなどである。

その他、全体的に体のベースが弱くなった気がする。

むろん、筋肉の衰えによる体幹のぐらつきということがあるだろう。平衡感覚の失調があるのかもしれない。

だから、ゆで太郎（ソバ屋のチェーン店）のように、丼を乗せたトレイをもって席にまで歩く店が苦手だ（あそこはまた丼が滑りやすいのだ）。

それに、もう全力疾走ができない。

腰を落として、歩幅の狭い、じいさん走りしかできない。

階段を降りるときも、念のために手すりをつかむ。

バランスを崩して、転がり落ちることだけは避けたい。

それらのすべてを含めて、わたしの体調不調元年は二〇一八年だと思っている。

いずれにせよ、体だけは頑丈なのが自慢だったが、それ以降すっかり自信がなくなった。

だいたいまっすぐ歩けないなど、だめでしょ。

普通の人には、まっすぐ歩けないことなど、想像もつかないと思う。わたしもこんな状態が人間にあるとは、夢にも思わなかったのである。

心と体のギャップ

「自分は何歳まで生きたいのか、生きられるのか、といったことを考えもしないまま今日まで来たので、１００歳まで生きられる時代と聞いても、最初は『１００歳まで生きて何をするんだろう？』ぐらいにしか思わなかったのです」
「それは、自分が老人であることをあまり意識しないで（あるいは考えないようにして）来たからなのですが、70を過ぎたあたりから疲れやすくなり、冬になると膝や腰が痛くなり、左目が緑内障にもなって、病院に行くことが多くなりました。自分が老人であることを、否が応でも意識せざるを得なくなったのです」（末井昭『１００歳まで生きてどうするんですか？』中央公論新社、二〇二一）
一九四八年生まれの末井は、この本を書いたとき七十三歳である。
「この年になるまで、自分が老人であるとか、いつ死ぬだろうかとか、まったく考えたことがありませんでした」

このとき、末井は、自分では「36歳」のつもり、と書いている。

けっこう、図々しいねえ。

わたしはとても「36歳」の自分の想像はできないが、五十歳前後という錯覚ならもてそうである。

だが、こんな図々しい錯覚を、あっさりとひっくり返してくれるのが、老体の悲しむべき現実である。

この心と現実のギャップほど、残酷なものもない。

七十歳を超えると（じつは六十頃から始まっている）、あきらかに老人の体になっているのだ。いやだねえ。

見た目の衰えもそうだが、じつは、体の中の衰えのほうが深刻である。

わたしの場合、定年退職してからは、体を鍛えるということはほぼなにもやっていない。ここ半年ばかり、歩いていない。以前は一日一万歩など平気だったのである。

やめたわけではない。一時的休止、のつもりだ。

自転車にはまだ乗っているが、町中乗りで、筋肉維持には役に立っていない。

四十代のときなど、信号が黄色で点滅していても、ダッシュで渡ってもまったく問題はなかった。遅刻しそうになると、駅から会社まで、全力疾走しても平気だった。

ところが現在はどうか。

そもそも寝ている状態から起きるとき、さっと一回で起きられない。

座ってる状態から立ち上がるとき、椅子はまだいい。

畳から立ち上がるとき、畳や食卓に手をつかないと、立ち上がれないのである。

若くて元気なとき、どうやって立ち上がっていたのか、すっかり忘れてしまった。

意識する必要がなかったからだ。

服を着替えるとき、片足立ちになるときによろける。ふらつく。

歩く。まっすぐに進まない。

走るのはだめ。それでも自転車にはまだ乗れる。

しかし細い道路の場合は自信がない。こてん、と倒れることがある。

女子高生に二回、「大丈夫ですか?」と声をかけられた。

これは、きまりわるいよ。ざまはないのである。

懸垂が一回もできない！

体力の衰えを残酷なまでに突きつけられた経験がある。あまりにもショッキングなことだったので、忘れられない。

あれはたぶん六十代半ばのときだったと思うが、わが町の川沿いに長い土手がつづいている。そこに小さな区画があり、鉄棒や簡単な運動器具がある。

ここはわりと自転車で通る道で、あるとき、どれひさしぶりに懸垂でもやってみるかと、鉄棒に飛びついたのである。

すくなくとも二、三回はいくだろうという心づもりだった。

愕然とした。一回もできなかったのだ。それどころか、一センチも体がもち上がらないのだ。びくともしない。

え？　うそだろ、と思った。

これはなんだ？　と思い、腕に満身の力を込めたが、できないものはできない。

年を取ると筋肉がなくなるというが、こんなに衰えていたのか。

昔から懸垂は得意ではなかったが、それでも六、七回はできた。

筋肉が衰えると、こんなことになるのだ。

腕立て伏せもおなじだった。これもまた一回もできなくなっていた。

六十歳になるまでは、腕立て二〇回、腹筋は五〇回やっていたのだ。

自分では年寄りになった感覚はなかったが、こうして体が、おまえはこんなにじいさんになってるのだよ、と思い知らせてくる。

記憶のなかの自由に動いた体と、現実の不自由になった体のギャップが如実である。

体は分裂する。精神は分裂しない。

体は表面も内部も劣化している。表面は見ればわかる。顔の皮膚はたるみ、シミがでる。体もおなじである。衣服を脱いでみれば、しわしわである。たるんでいる。めりはりがなくなっている。

体の動きがおかしい。これがおれの体か、と思う。まいったね。

ただ、懸垂をせず、腕立てもせず、走ることもなければ、とりあえずこの無様な現実を忘れることはできる。

ペットボトルの蓋が開けられない

脳梗塞再発防止のため、医者から水を一日に最低、一・五リットル飲むようにいわれている。
この六年間、ほぼ忠実に守りつづけている。そんなに厳密ではないが、五〇〇ミリリットルのペットボトル三本だ。
その蓋を開けるのがきついのである。タモリも「ブラタモリ」で、あれきついよね、開かないいんだよ、と嘆いていた（NHKよ、「鶴瓶の家族に乾杯」をつづけるくらいなら、「ブラタモリ」のレギュラー放送を再開しろよ。タモリ本人が嫌がっているのならしかたがないが）
これは指先の力がなくなっているのか。

しかし逆手にもち替えると開くのである。おそらく力の入り具合がちがうのだろう。毎日自転車に乗っていると、近所のオバサンに、若いねえ、といわれる。しかしわたしのペースで漕いでると、最近、子どもやおばさんにすいすい抜かされるのである。あれ？　と思う。このマイペースはそんなに遅いのか。そういえば5段や6段ギアで走るのがきつくなったな、と思っていると、タイヤの空気が抜けていることに気付いた。どうりで、ペダルが重いわけだ。

こんなことにも、勘が鈍っているのである。

ズボンを穿き替えてふらふら、歩いてふらふら

ふだん気に入らないのは、服を着替えるたびに、ふらつくことだ。出かけるときや風呂から出たとき、着替える。そんなとき、かならず片足立ちになるのだが、これがふらつくのである。

後ろか、左右どっちかに傾く。だから、どこかに手をついて支えるようになった。

これが老年による体幹の弱まりによるものか、平衡感覚の衰えによるものかよくわからないが、とにかくできないことが不快である。

もう自分の体が、意に反して勝手に動いてしまうのだ。なに、倒れてるんだよと思う。

検査したわけではないが、骨粗鬆症も心配である。

骨が脆いのではないかと思うが、いずれにせよ体の芯がしっかりしてない。

おそらく、歩くときにふらつくことと関係しているはずである。

このふらつきはあきらかに脳梗塞の後遺症だと思うのだが、因果関係はわからない。

ほかの七十代のご同輩、そんなことはありませんか。

それとも、わたしだけなのか。

そのほか、七十歳以前にはなかったことが生じている。

どうしてこんなことになるのかわからないが、顔が痒いのである。

額とか頬とか眉の横のところとかが痒くなり、なんだこれは、と思いながら指で掻く。かなり頻繁に生じるが、こんなことは以前まったくなかった。

なかでも腹立たしいのは、目が痒いことだ。

この痒みは、端的には、白内障の手術をしてから始まった。炎症かなにかなのだろうが、眼医者には行っていない。どうせ目薬を処方されて終わりだろうと思うと、行く気がしないのだ。

まったくわけのわからない症状が出るものだ。

目尻も痒くなるが、より多く目頭が痒くなる。左目に多い。ほぼ毎日である。

そのうち目玉が痒くなるんじゃないか、さすがにそれはないか、と思っていたら、目玉は痒くないが、瞼のなかが痒くなったのである。

時々、鼻の穴や耳の穴の奥が猛烈に痒くなったりもする。こんなことがあるんだ？まるで因果関係がわからない。そのままほったらかしである。老化とは関係がなさそうである。皮膚科にも行っていない。

「顔がかゆい」で検索しても、化粧品や花粉が皮膚に触れるとそれが刺激となって云々《うんぬん》、とか乾燥がどうしたとか、つまらんことしか書いていない。

掻くのはＮＧとあるが、掻くしかない。いちいち薬など塗っていられるか。

なかには親切めかしたことが書かれており、読んでいくと、結局は治療薬の宣伝だったりするので腹が立つのである。

いちいち不快である。

しかしこのまま、なんとかやりすごすしかない。

体が自由にならないことはあたりまえ

別段、年を取らなくても、自分の体が思いどおりにならないことはある。むしろそれがふつうだ。

野球でいえば、最初はキャッチボールもできなかったはずである。バレーボールでは、ボールを上げられずに、突き指をした記憶があるだろう。

歩くことはだれにも教えてもらったことがないが、それでもふつうに歩けるようになるには、自分で何度も繰り返して、それが訓練になったはずである。

わたしは、キャッチボールがどうしてできるようになったかは覚えていないが、バレーボールのトスは指を広げる形を覚えている。

スキーも難儀した。

運動には自信があったから、すぐ滑れるようになるだろうと高をくくっていたが、何度やってもだめだった。が、自分の体が自由にならないとはいえ、これらはまったくできない状態から、できる状態への体の馴致の段階である。

できていた状態からできない状態への移行ではない。この状態は退化であり、悲哀がある。このようなことは経験がないのである。


だがいくら自然のなりゆきとはいえ、老いによる体の衰えは怠惰のしるしだ、といわれてもしかたない。

その気がありさえすれば、完全に維持することは無理でも、ある程度、筋力や柔軟性を維持することは可能だからである。

なぜスクワットをやらない？　膝をついた腕立て伏せでもいいではないか。

おまえはただ泣き言をいうだけで、改良しようという意欲がないではないか。

なにもやらないで、いやあ筋肉が落ちたなあと、嘆くふりをしてもしょうがない。自業自得である。なんら同情に値しない。

しかし体の衰えよりも、老いが如実なのは、皮膚（肌）の退化、つまり見た目の劣化である。こっちのほうが「老け」の本質である。避けようのない自然である。

いや、避けられるよ、と美容商売がいう。

なんだか知らないが、オールインワンジェルとかコラーゲンなるものが、そうらしいのである。使用前の顔はあえて汚く作っていて、使用後はそれがあきらかに修整されているのだ。なかには、あんまり変わってないぞ、というのもあるが。

その他、美容整形もある。

筋肉の保持や体の硬さは、外見からは見分けにくい。が、皮膚の劣化は一目瞭然なのだ。だから、見た目だけで、「おばあさん」とかいわれるのだ。

5

二回目の救急車と道路顔面突入

生来のずぼらが祟る

小さな不調は不快なものだが、まだいい。いちいち医者には診せていないが、もしひどくなったらそのときに行けばいい、と高をくくっている。

これがよくないのだろう。時期を失して、手遅れになるということがある。致命的なことではないが、実際、そういうことが二、三ある。

そうと気づいたときは、もう後の祭りなのだが、といってそれが教訓にならない。相変わらず、ちょっとおかしいがまだいいだろう、もう少し様子を見てからにするか、ということをやっている。

二年ほど前のある朝、まだ寝ているときに、左手の中指に異変を感じた。第二関節のところがカクカクするのだ。すっと曲がらないのである。

そういう曲げ伸ばしを半睡の状態でやっていたが、まあいいか、そのうち治るだろうとほっておいた。結果、いまだにおかしいままだ。

左手はもう力いっぱい握ることができないが、もういいや。

すぐ整形外科かどこかに行けば、とっくに治っていたかもしれないが、生来のずぼらのせいで、損をしている。

だがまだこんなのはいい。

難聴になったときは、片方の耳は聴こえなくなってもいいか、と一瞬考えた。医者に行くのが面倒だったのである。結局医者に行って、ことなきを得たのだが、そこまでのずぼらはよくない。

風邪を引いたかなと思ったらすぐ医者に診せるような人が、結局はうまく人生を乗り切るのだろう。

わたしはだめである。どちらかといったら、どこまで医者に行かずに我慢ができるか、という損な性分のだ。

しかし時々、わけのわからない大不調が生じる。病院に行かなくてはとりかえしがつかなくなるかな、と思うようなことである。

七十五歳を過ぎてからである。

体が一ミリも動かない

そのひとつが現れたのは、二〇二三年九月二十四日（日）である。

まだ秋口なのに、急激に寒くなった日の深夜三時頃（だから実際には二十五日だ）。わたしは半袖のTシャツの上に長袖のパジャマを着ていた。風邪気味だった。

いつものごとくテレビを見るか、本を読むか、映画を見るか、など、だらだらしていたときに、いきなり変事に見舞われたのである。

座った姿勢から立ち上がって便所に行こうとしたところ、全身の力が脱け、平衡感覚を失って前傾し、傍らにあるソファの下のほうに頭から突っ込んだのである。

一瞬、なにが起きたのかわからなかった。両手を突っ張って頭を上げようとするのだが、突っ込んだ姿勢のまま、体が一ミリも動かない。びくともしないのだ。

嫌な記憶がよみがえった（意識ははっきりしている）。

まさか脳梗塞の再発か、と思い、両手の指を動かしてみた。グーパー、グーパー

(看護師や女医先生がよくいっていたのだ)。大丈夫だ、自由に動く。

一安心したが、だとしたらこれはどういうことなのだ？　一〇分か一五分(五分か一〇分？)、両手両足の位置を変えて、必死にもがいた結果、なんとか立ち上がることができた。さっきまで寒かったのに、全身汗まみれである。

立ち上がったものの、まだふらふらしている。壁の伝い歩きで便所まで行き、小便を終えた。そのあと、寝ればすこしはよくなるかと、倒れこむようにして寝た。

二十五日(月)に目覚めても、ふらふらするのはおなじだった。体温も三七度から三八・五度はあった(平熱は三五・五度だ)。なにをする気もせず午後六時まで寝た。

その後起きたが、深夜二時頃、またやってしまった。

立ち上がろうとして今度は、ソファとは反対側の、畳の上に積んでいた本の山に、またもや頭から突っ込んだのである。情けない。本の山をなぎ倒した。

グラッと倒れそうになったら、もうなんの制御もきかないのだ。

こんなぶざまな姿は家族には見せられんな、とつまらんことを考える。

これまで一七六センチ、七三キロの体を苦に感じたことはなかったが、このときばかりはただの邪魔な肉塊でしかなかった。

翌二十六日（火）も事態は回復せず、また午後六時まで寝た。寝ているのが楽なのだ。市販の解熱剤を飲んだ。

しかしこれはいったいなんなのか？

二回とも、両腕に満身の力を込めているのにまったく頭がもち上がらないという、筋無力状態や筋脱力の状態とは。

もう明日は近所の発熱外来に行こうと考えていた。

ところが夜中（二十七日）の深夜一時三〇分頃、ヘッドフォンをテレビから取り外そうとして、頭をちょっと下げただけで、またもや畳に突っ伏したのである。

もうだめだ、一刻もがまんできん。

その瞬間に決した。救急車を呼んだ。

生涯二度目の救急車緊急体験記

救急車に乗ったのは二〇一八年が初めてであった。

脳梗塞だったのだが、あのときは呂律が回らないわ、半身不随で歩けないわ、でひどかった。

しかし今回は二回目だから、救急車を呼ぶのにもうなんの躊躇もない。

近所にきたらピーポーは鳴らさないように、など、一切頼まなかった（頼んでも、「そういうわけにはいかないの」といわれるのだけどね）。

すぐ救急車が到着した。

玄関まで二人の若い隊員が入ってきてくれた。寝たままの状態でシートに乗せられ、ストレッチャーに移され、車に収容された。

車内で簡単な問診が行われ、聞き取りが終わると、隊員のひとりが病院に収容依頼の電話をかけ始めた。

五年前の脳梗塞のときは、病院が決まるまで三、四回かけたと記憶する。わりと早く決まったはずである。

しかし今回は八か所目でやっと決まった（わたしは数えていた）。若い隊員は一回一回相手にわたしの病状を伝え、断られるということを繰り返した。その都度、どんどん遠くの病院になっていくのがわかった。

電話を受けた先では、看護師が先生に伺いをたてるので、こちらへの返答に時間がかかるらしかった。受け入れられない理由は、満床だとか、熱が高すぎるというのが主な理由だった。

隊員たちは困り果てた。

そこで、一番最初にかけて先生が処置中で手が空いていないという理由で断られた病院（脳梗塞のときに入院した病院）に、もう一回かけてみるか、といってかけたら、意外にもあっさりとＯＫが出たのである。

深夜二時に救急車に乗り、病院が決まったときは三時半になっていた。それでも二人の若い救急隊員にはよくしていただいた。二駅先の町の救急車だった。

病院で診てくれたのは若い女医さんとベテラン看護師である。採血と、コロナとインフルエンザ用の鼻孔粘膜チェック（うわ、かなり鼻の奥に突っ込むんだなあ、と声が出た）、あとは念のためということでCTスキャンを撮った。

一時間ほど待って検査結果を知らされた。

まったく予想外なことに、インフルエンザということだった。

対策をほとんどしなくてもコロナにはまったく罹らなかったのに（ワクチンは三回打った）、伏兵のインフルエンザごときにやられてしまうとは。

もちろんいままでも、インフルエンザの予防接種は全然したことがない。それにしてもインフルエンザに罹ると、みんなああんな筋無力症みたいなことになるのか。

そんなわけはあるまい。どうにも納得がいかない。

高熱になると頭がふらふらしますよ、といわれたが、熱で頭がふらつく程度ならいいのだ。それに一時的に三八・五度になったことはあるが、つねに三八度以上あったわけではないのである。

厚生労働省の統計によると、二〇二三年九月十八日から二十四日までの週では、インフルエンザの感染者総数が全国で約三万五〇〇〇人いるということだ。これが多いのか少ないのかわからない。

しかし、症例を見ても、わたしみたいな筋無力症のような症例は見当たらない。反対にインフルエンザの重症例である高熱、嘔吐、下痢、呼吸困難といった症例がわたしにはなかったのである。

いまだに釈然としない気分が抜けきらない。

なんだインフルエンザか

しかし、それはそれ。

ともあれ、病名がはっきりしたことで一安心である（がん、以外はみなそういう気持ちになるのではないか）。「タミフル」と解熱剤の「カロナール」を処方された。

しかしカロナールは服用すると吐いてしまうので、二日使用してやめた（三八度以下の場合、不要とあった）。タミフルは二日間服用した頃から効いてきた。平衡感覚がほとんど戻ってきたのである。

服用三日目目の二十九日（金）には、体温も三六・二度あたりで安定するようになった。咳や鼻水も減少し、喉の痛みも小さくなった。

外を一五分間ほど歩いた。まだ多少ふらつくがもう大丈夫だ。まだ自転車に乗るには不安が残るが、明日あたりはいけそうな気がする。

朝方四時からはラグビーW杯のサモア戦も見た（それまでも他のグループの試合は、CS放送で全部見ていた。深夜癖はまた復活していた）。

日本は勝ちはしたが、不満である。タックルは相変わらず大甘で、格闘技の秘密練習をしていたらしいがなんの役にも立っていない。つまらない反則も多い。

まあそんなことはどうでもいい。もう終わったことだ。

風呂に五日ぶりに入った。

毎日測っている体重計に乗ってみると、体重が三キロ減少していた。当然である。五日間、うどんとおじやしか食べてないのである。

三〇日（土）、夕方の四時頃に起きた。ここ一週間、ずっと午後遅くまで寝ている。

こんな時間に起きては、終日、なにもできない。

体温は平熱の三五・六度に戻った。自転車に乗り、近所を三〇分ほど回った。案外大丈夫だった。タミフルも明日で五日間の服用が終わる。

一〇月一日(日)、不調を自覚してからほぼ一週間。もう体力的にはほぼ回復しているはずである。熱はなく、くしゃみ、鼻水もない。頭痛も喉の痛みもまったくない。つまらない咳がしつこく残っているくらいだ。

ただ気分的にはまだしっかりしていない。気弱なまま、またずるずると午後五時近くまで寝てしまった。

どうやら、わたしは病気になると、よし負けないぞなどと思わずに、簡単に負けてしまう人間であるらしい。こんなことではがん告知にひとたまりもない気がする。

不屈の魂とか絶対にあきらめない精神、などの持ち主に感動し、男たるものそうあらねばと考えもするのだが、わたし自身はただのへなちょこであることがわかった。拷問されたらもうすぐに白状してしまう。

まあ、そんなこともどうでもよい。いったいだれに拷問されるというのだ? なにを白状するというのか？

二〇一二年八月（六十五歳）の突発性難聴、二〇一八年一〇月（七十一歳）の脳梗塞、二〇二〇年三月（七十三歳）の白内障手術（緑内障でなくてよかった）。そして二〇二三年九月（七十五歳）のインフルエンザ。

いずれも軽くて助かった。どれかひとつ、大変なことになっていてもおかしくはなかったのである。しかしこの幸運も、いつまでつづくかわからない。

道路に顔面から突っ込んでしまった

不幸も災難もいきなりやってくるものだ。

またやってしまったのである。今回は、救急車は呼んでいない。

前回のインフルエンザによる筋脱力症から四か月後の、二〇二四年一月二十七日（土曜日）のことである。

七十六歳だ。倦怠感と足のふらつきで不調を覚え、体温を計ったら三七・七度あった。平熱が三五・五度なので実質三八・七度だ。

それでも図書館に本を返したり、ＤＶＤをツタヤに返したりと、いくつかのなすべきことを自転車に乗ってやった。その日のうちに体温は三五・一度まで下がり、大したことなかったな、これで大丈夫だと思った。


翌土曜日の午前中、近所のコンビニまで買い物に行き、その帰り道だった。

だんだん歩き方がおかしくなり、「？」と思った。

嫌な予感がした。

歩幅が狭くなり、腰が引け、つんのめるようなちょこちょこ歩きになってきた。客観的に見ると、こりゃ完全にもうろくじじいの歩き方じゃないかと思ったら、いきなりつんのめったのだ。

あとで振り返ってみると、右膝にかなりの打撲があったので、まず最初に膝をついたのだろう。だが、そのときのわたしの感覚では、右顔面からもろにアスファルトの道路に突っ込んだ感覚だった。

手で支えることもできなかった。帽子は脱げ、眼鏡はふっとんだ。レジ袋の商品は散乱した。顔は地面に着いたままである。

両手で支えて顔をもち上げようとするができない。これまた一ミリも動かない。上体を起こすこともできない。地面にはいつくばったままだ。

せめて体の状態を正座にさせようと、もがいた。まさか脳梗塞の再発じゃないだろうな。一〇分（五分？）くらい経った。人ひとり通らない。車も通らない。

なんとか起き上がり、袋に商品を入れ、やれやれと、またよちよちと歩き始めた。どんな格好だったんだろう。幽鬼みたいなヨタヨタじじいだったろう。

十数歩歩いたところで、また顔面から転倒した。今度は鼻を打った。左手の中指の爪先からは血が出て止まらない。今度もまた地面に顔を押しつけられたまま、いくら両手に力を入れてもピクリとも動かない。

まいったね、と思った。わりと冷静は冷静なのだ。

しかしここで救世主が現れたのである。

駆けよってきたおばさん二人。第一回目の転倒から見ていたらしい。「大丈夫？大丈夫？　救急車呼ぼうか？　お名前は？　お名前は？」

で、救急車を呼ばずに、助けられたのである。家族が駆けつけてきた。

帰って鏡で見てみると、右瞼が腫れあがって、ボコボコに打たれた元プロボクサー八重《やえ》樫東《がしあきら》選手みたいになっている（写真を撮った）。

左手中指からは血が染み出ている。鼻は赤くはなっているが、とくに傷はない。鼻がもげたかと思ったが、意外と軽傷だった。

近所の整形外科に行った。右目付近と左手指のレントゲンを撮った。右目は単なる打撲傷だが、指は先端が骨折しているといわれる。

左の指の爪が浮いていて、その隙間から血がにじみ出ているので、爪を肉に縫い付けるという（ゲッ）。麻酔を打って治療してもらった。

日曜は休診なので、月曜日の早朝八時半、またインフルエンザではないかという予想をして、息子の運転でべつの病院に行った。駐車場から電話をかけると中から看護師が出てきて、コロナの検査をしてくれと検査薬を渡された。

二本線が出るとコロナ、と教えられ、検査をしてみると、あっさりと二本線。

まさかのコロナである。

日本中が狂ったように神経質になっていたときでさえ、、マスク無しで過ごして全然感染しなかったのに、なんでいまさら罹患したのだ?

バカげていることに処方された薬が、葛根湯とうがい薬と市販の風邪薬である。初めて知ったが、コロナに、インフルエンザにはタミフルといった特効薬はなかったのだ。熱は三六度半ばでたいしたことはなかった。

こういうことがあって、ますます体力に自信がなくなった。こんな体で、あと何年もちこたえられるものか。

6

ちょっと前向きな話

死ぬ可能性は高まったが

思いもしなかった事態に見舞われたりすると、これはいつどうなるかわからんな、という気になってくる。

もっと若いときの、たんなる口先だけの悲観話ではなくて、この歳になるとかなり本気度が高い。

だって七十七歳だよ。

一般的に六十になったら老人、という通念を、十七年も超えているのだ。

もう死んでいてもおかしくない歳なのだ。

ただ生きていても不思議ではない、という微妙な歳ではある。

しかし本気がかなり入っているといっても、だからなにをどうすることもないという点では、結果的に、ただそういっていたときと変わりはない。

いささか覚悟が定まる気がするという点が、すこしちがうだけだ。

だからといって、死ぬまでにこれだけはやっておきたい、という焦燥はない。

「死ぬまでにしたい○○のこと」といった本や映画がある。

本では、「死ぬまでにしたい、見たい、行きたい」などなどがあり、映画では『最強のふたり』（バリエーションはいくつかある）『ＬＩＦＥ！』『グリーンブック』『最高の人生の見つけ方』（洋画・邦画の両方ある）などがある。

これらの映画は全部見たが、心動かされることはなかった。

「死ぬまでにしたい……」とかいうと、一見、言葉の上でしゃれているというか、気が利いているような気がするだけのことだ。

損得、快楽の意識が先立って、この自分の人生でし残したことはないかと、リストアップして勘定をしているだけではないか。「し残すと損」意識か、それとも「楽しみ蒐集家」か。

わたしだって、楽しいことは好きである。

といっても読書、映画、音楽、旅行など地味なものばかりだが。

しかし先が長くないからと、なにか刺激的な楽しいことを探さなきゃという気がまったくないのである。

シニアたちがディスコで踊り狂う

東京・鶯谷の「歌謡曲カフェ Lover's」は週末になると「ディスコ」に変わる。夕方になると、五十、六十歳代の男女が集い、踊りまくるのだという。昔のディスコ世代である。

じいさん、ばあさんというにはまだ早い。老人予備軍の連中だ。かれらが求めるのは身体的楽しさである。

店内には七〇年代から八〇年代に流行した曲が流れる。ミラーボールが点滅する。八十代の人も訪れる。

ここは「シニアの楽園」だ。

スパンコールのついた衣装を着た男は六十五歳。以前は社交ダンス派だったが、ディスコの魅力にとりつかれ、いまでは毎週のように通っている。

六十二歳の女性が「ディスコに昔行っていたが、40年ぶりぐらいに来た。楽しかった。10代の頃に戻ったような感覚」だ、と話す。

そうか、十代に戻っちゃったか。まあ、そういうことはあるだろう。

わたしもウダウダいわずに、こんな楽しみを心から楽しめる男だったら、またちがった人生があったにちがいない。

こんな懐メロのクラブは各地にあるようだ。

二〇二三年二月に長野市で一日限りのディスコが復活したというニュースもあった。派手な衣装で軽快なステップを踏む参加者たちは、ほとんどが六十歳以上で、こちらも青春時代にディスコで踊っていた世代だ。

参加者は市が開催するディスコダンス講座で練習を積んできたらしい。参加したのは延べ二五〇人以上で、参加者の最高齢はなんと八十四歳である。

うらやましいなあ、と思わない。

むしろおぞましい。

わたしが絶対に参加しないイベントである。

かれらは足腰立たない本物の老人になるまえに、「シニア」を思い切り楽しもうというのだろう。

なかには、死ぬまえの狂い咲きだ、という老人もいるようだ。いないか。

ところがわたしは若い頃から、踊り狂ったということがない。

ツイストもモンキーダンスも踊ったことがない。ディスコという所にも行ったことがない。そういえば佐世保の高校時代、休み時間に教室で踊ってたやつがいたなあ。

現在、おやじバンドをやっているものも多いらしく、若者たちは、年を取ったらあんなかっこいいおやじになりたいという。

わたしは、エド山口率いる東京ベンチャーズは好きだった。いまでも活動しているのだろうか。かれは一九四八年生まれの七十六歳だ。

アメリカのブリンケン国務長官が、二〇二四年五月に訪れたウクライナのキーウのバーで、ギターを弾いた。六十二歳。

小泉純一郎首相は在任中、メンフィスにあるプレスリー邸を訪れ、ブッシュ大統領夫妻の前でサングラスをかけてプレスリーの歌を真似てひとり悦に入り、夫妻の顔をひきつらせていた。小泉六十四歳のときである。

だれもかれも肩書を取ってしまえば、ただの男である。

元石破内閣官房長官の林芳正の動画も出回っている。現在六十四歳だが、二〇一一年の映像で、ギターを弾き、歌っているのだ。

わたしはまったく感心しない。

ほお、やるもんだねえ、と感心したほうがいいのか。

たしかにそういう人のほうが、世間受けはするのだろう。

しかしわたしはそういう「楽しさ」を「楽しい」と感じないようなのだ。「昔の大分」出身だからね、とはいわないが。

七十七歳、ランニングマンを練習する

ところがですね、ちょっとした椿事が起きた。

そんな無粋なわたしが、なんたることか、ユーチューブで偶然見た「ウォーキングダンス」に魅了されたのである。

ダンスというよりステップというのか、どうやらロシア発祥（？）のものらしく、ツゼリティシャッフルダンス（Tuzelity shuffle Dance、熱狂的クネクネダンス？）ともいわれるものらしい。

大人と五、六歳くらいの男の子が踊っている動画なのだが、この子どもがいいのだ。つけられている音楽も軽快なのだ（わたしが見たのはショート動画である。検索で「walking dance」と入れると出てくる）。

つい魔が差して、孫と一緒にこんなステップが踏めるなら、楽しそうだなと思ったのだった。まっすぐ歩くのさえ困難なくせに、である。

練習動画もたくさんある。

なんだ、簡単じゃないか、と思った。

が、こんな簡単な動きが、できないのだ。

いや無理だわ。あんな機敏な動きはできない。

と、あきらめた、と思うでしょ。

が、しつこくやりつづけました。リハビリの感覚で。

自分の体が思うように動かないという気がしているので、どこまで回復できるかというテストを兼ねてです。

完全に年寄りの冷や水だが、まあいい。

おまえの文章では、なにをやろうとしてるのかまったくわからんが、いったいなにやってんの？　といわれるだろう。

何年も前に三代目J SOUL BROTHERS のフリつけで「R.Y.U.S.E.I」という曲がヒットしたが、簡単にいえばあれです。

全員がそろって、ウサイン・ボルトのように、人差し指を立てた左手をまっすぐ肩より上に突き出して、その場でランニングするというステップですが、覚えてますかな（あれは外国で流行ったダンスのパクリだったたんですね）。

わたしはダンスとはまったく無縁の男だった。

昔、あおい輝彦が所属していた初代ジャニーズあたりがよくやってた、ボックスという初級のステップさえわたしはやったことがない（あたりまえだ）。

ゴーゴーもスイムもランバダ（あったね）も全然お呼びじゃなかった。

そんな男がどういう風の吹き回しか、ステップとはいえ、自分でやってみようかと思ったのは人生で初めてである。

活発にステップを踏む、あの子どもの姿が可愛かったのである。

しかし、わたしはいまだにステップが踏めない。

たんなる気まぐれで、本気で練習していないのだ。いや、もうすこし、やってみるつもりである。

自分でできれば満足である。人に見せるためのものではない。

このストリート・サックス奏者がいい

細川慎二というアルトサックス奏者がいる。

ユーチューブで偶然見たのである。まだ若く三十四歳だが、この人がいいのだ。

ユーチューブは、まさに現代の世界をそのまま具現したかのような、玉石混交の世界である。

人気のユーチューバーになると巨額の金が稼げるとわかってから、金儲け目当ての有象無象が殺到して魑魅魍魎の世界になっている。

そんななか、数は少ないだろうが、「玉」のようなコンテンツが確実に存在する。

そのひとつが細川慎二の〝Sax in the Night City〟というチャンネルである。

中肉中背の体を黒一色の衣服で包み、駅前でアルトサックスを演奏するのだ。

かれのユーチューブは気持ちがいい。

サックスといえば、わたしにとっては一も二もなくテナーサックスだった。

ガトー・バルビエリというアルゼンチンのサックス奏者が好きだったが、かれがテナーだったのである。

それが細川慎二によって、初めてアルトサックスの音色のよさを知ったのである。

もうひとつの気持ちよさは、かれの人柄である。

かれが演奏するのは駅前だ。

演奏する曲はヒット曲が多いが、選曲にも人柄のよさが現れている。

それに細川は、投げ銭（この言葉は好きでないが）をしてくれた人に、一人ひとり会釈をするのである。そんな人を初めてみた。

かれの謙遜する姿勢は、動画につけるかれのコメントにも現れている。

細川は、ユーチューバーの必須の言葉、バカの一つ覚えの言葉、「『チャンネル登録』『いいね』をよろしく」を意志していないのだ。

それなのに、チャンネル登録者数は二〇万人を超えている。

かれの動画が、人柄も含めて、いかに気持ちがいいかを視聴者はわかるのである。

もちろんかれもチャンネル数が増え、再生回数が増えることはうれしいことにちがいない。だが、けっしてがっつかないのである。

かれのコメントも抜群にいい。

「もちろん現金は好きですが、生きる目的としての金、酒、車、家、服には興味がありません」といいきっている。

いまでもいるんだねえ、こういう若い人が。

視聴者への感謝と、自分の生き方への謙遜と、生真面目さのなかに溢れるユーモアの気持ちよさは抜群である。

今後の方針をユーチューブであきらかにしている。

「国内のいくつものコンサートを成功させ、将来の目標　カーネギーホール三七〇〇席を満席にする」

かれにしては思い切った宣言である。

まだ三十四歳だ。

未来は可能性に満ちている。

不安に満ちてもいるが、かれには、いまのままの気持ちでがんばってもらいたい。

年を取って、増々涙もろくなった

わたしは元々涙もろい男である。

いきなりなにをいいだすんだ、と思われた方もいるだろうが、うまく話をつなげなかったので、唐突に転調することにした。

その涙もろさが年を取るにつれて、甚だしくなったような気がする。

本やテレビで感動すると、すぐ涙がにじんでくるのだ。

わたしは、涙はその人間の何事をも証明しないと思っている。

「三回泣きました」やかましいわ。

そう思っているのに、なぜにじんでくるのだ。困ったものである。

例えば、こういう場面を見たとき(NHK「街角ピアノ」二〇二四・八・三一)——

大江千里がニューオーリンズの街角ピアノで、「スタンド・バイ・ミー」を弾く。

通りすがりの米国人たちが三々五々、立ち止まる。手を叩き、高齢の男女が踊り出す。これだけのこと、だが、もういけない。涙がにじんで、見えなくなる。こういう光景のなにに動かされるのか。

あるいは、S・A・コスビーの『すべての罪は血を流す』(ハーパーコリンズ、二〇二四。すごい小説だ)という小説のつぎのような場面。三十七歳の黒人の保安官タイタスが、高齢の女性に、彼女の息子が残虐な殺人犯であることを告げにいく。彼女はそのことをすでに知っていて、自責の念に駆られている。タイタスは、彼女が大丈夫なのかどうかを心配している。つき添いの看護師のナタリーがいう。

「奥様はほっとすると思います」

「よかった。もう充分つらい目に遭ってきたのですから」

「思いやりのある保安官なんて見たことないわ」ナタリーは言った。

この「思いやりのある保安官なんて見たことないわ」という件《くだり》を読んだとき、いきなりグッときたのである（おれはこんな場面で涙がにじむのか？）。

この本を読んでいない人にこの感情が伝わることは難しい。

読んだ人でも、なんでこんなところでウルッとくるかね、と思われるだろう。

あるいはまた、こういう場面。

年老いたタイタスの父アルバート。六年間家に寄りつかなかったタイタスの弟マーキスがこの日、家に来ている。

アルバートが「寝るとするか」という。

「親父、まだ八時半だぞ」マーキスが言った。

「ああ、就寝時間をすぎてる」とアルバート。

三人はげらげら笑った。

「いや、この老いぼれ腰の痛み止めをのんだんだ。眠の精に呼ばれてる」アルバートは少し顔をしかめながらテーブルから立ち上がった。マーキスの肩に手を置き、タイタスを見つめた。

「息子ふたりが家にいるのはいいもんだな」そう言ってマーキスの肩をぎゅっと握り、タイタスにうなずくと、階段に向かった。

この件を読んだとき、わたしは晩年の父親を思い出したのである。

そして、なにもいわずに死んでいったおやじに申し訳ないなと思うと、なぜか泣けてきたのだった。

「息子ふたりが家にいるのはいいもんだな」

わたしは晩年の父に、このように思わせたことがなかったのではないか。

わたしが好んで読んできた作家は、スティーヴン・ハンター、ドン・ウィンズロウ、マイクル・コナリーなどの叙事派である。

それに比して、S・A・コスビーは現代では珍しい叙情派だ。

これがいいのだ。

叙情とは、人間を人間たらしめる本質のことである――優しさ、愛情、思いやり、気遣い、信頼、謙遜、礼節、正義感。

いや、それはちがう、といわれても、わたしは自己流でそう考えている。

わたしはそれら人間の本質を成す要素を人間元素と呼ぶが、グッとくるのは、それらのどれかが示唆されているときか、顕現しているときのような気がする。

現代では軽視されている人間元素（叙情）だから、なおさらなのだ。

7

ニュース断ち

新聞を読む人

いまでも時々、早朝六時頃に、近所のマクドナルドに行くことがある。

若者は、たまに数名の男女がいることはあるが、通常はまずいない。

新聞をもったおじさんたちが、ひとりで入ってくることのほうが多い。

それでひとしきり新聞を広げて読むのである。なんの新聞かはわからないが、じっくり読むのが楽しみなのだろう。

気持ちはわからないではない。

以前、タバコを喫っていた頃、煙もうもうの喫茶店によく行った。そこで、スポーツ紙の静かな争奪戦があったのだ。

わたしが好きだったのは「スポニチ」だったが、なにを読みたいというのではない。ただの暇つぶしである。

いつも一般紙ばかりが残っていた。一般紙は堅すぎて暇つぶしにならないのである

（図書館でも新聞を読んでいる人がいるが、こちらでもスポーツ紙が人気）。

でもマクドナルドのおやじさんたちが読んでいるのは一般紙らしい。家に配達されたのをもってきたのだろう。

以前のわたしなら、そのような光景に疑問をもつことはなかった。

いい朝のすごし方だし、意味のある時間だ。一日の滑り出しとしては上々、と思ったことであろう。

だが最近はちがう。

かれらはなぜ新聞を読むのだろうか、と思うのである。

もちろん、これは早朝のマクドナルドだけで見られる光景ではない。

日本全国、どこの家庭でも見られる光景のはずだ。日本全国、日本国民は毎朝、朝ごはんを食べるように新聞を読み、テレビのニュースを見るのである。

なぜなのか。

諸説あるだろうが、ほんとうの答えはひとつ。ただの習慣か、暇つぶし。ふたつだった。

コロナ以後に変わったこと

コロナ騒ぎが落ち着いてきた頃、５類移行は二〇二三年の五月だが、たぶん一月頃から、わたしは、以前はそれなりに興味をもっていたプロ野球が、まるでおもしろくなくなったことに気づいた（自主トレの話題だった）。

なぜかはわからない。

なにをこんなことに、やるほうも見るほうも必死になっているのだろう、と思って急に冷めたのだったか。

だがはっきりしていることは、わたしが変わったのだ。

野球というスポーツが急につまらないスポーツになったわけではない。

現に、多くのファンがいまでも熱狂している。

そのことと関係していると思うが、もっと重要な変化があった。

野球から関心が離れたこと以上に、ニュースを見なくなったことである。

新聞もそうだが、主にテレビのニュースがそうだ。

昼のワイドショーでは、「次は報道フロアから全国のニュースをお伝えします」とか、「最新のニュースをお伝えします」と、いかにも重要なことのようにいう。

考えてみると、だれも新聞やテレビでニュースを毎日知らせてくれ、と頼んだわけではないのである。

にもかかわらず、敵は毎日大量のニュースを知らせてくるのだ。あたりまえではないか、というように。

コロナで国が、用もないのに出歩くな、電車にも乗るな、店にも行くな、と事実上の外出禁止令を出したため、電車や店や街から人がいなくなった。

電車に乗ってもガラガラ、店に行っても客はいない。

近くのショッピングモールに行っても、ガラガラである。電車もいつでも空いていて、座り放題だった（ひとり分しか座れないが）。

京都往復の新幹線でも一車両に客は数人という状態だった。町や街を歩いても、ここは核戦争後の世界か、というほど人通りがすくない。

わたしはおおいにその状況が気に入ったのである。

静かさ、が身に沁みた。

なぜこんなニュースを見なければいかんのだ

ところが、テレビがうるさかった。

朝のモーニングショー、昼間のワイドショー、夕方からのニュース番組、夜のニュース番組と、ひっきりなしにニュースを流している。

だれもそのニュース番組の必要性を疑いもしない。あるのが当然で、報道はいまや世界の一大産業でもある。

しかしその大半が不快になるニュースである。

気分がよくなり、幸せになるようなニュースはめったにない。それでは視聴者の興味を引きつけるニュースにならないのだ。

テレビニュースを見ているときのわたしは大概、不快でイライラしている。ろくでもないニュースばかりなのだ。

政治家の金儲けの話、ウクライナ戦争、殺人事件、いじめで自殺、あおり運転、詐欺でだまされた話、交通事故、選挙妨害、迷惑系ユーチューバーの跋扈《ばっこ》、カスタマーハラスメント、有名人や政治家や素人の性犯罪、児童虐待。

それらに加えて、あんたはだれだという人の長男が生まれました報告、だれそれが不倫した話、住宅街に現れた猿を警官が追いかけるの図、といったどうでもいい話。

これらの種々雑多なニュースが流されるのを、我々は漫然と見ている。

なんで見なければならないんだ、と思ったのである。見て、ただ不愉快になるだけである。ばかばかしいとはこのことだ。

自分でなにができるわけでもない。もちろんなにかしたいわけでもないが、ならばなぜイライラしながら、まるで金縛りにあったように、くだらんニュースを見つづけているのか。

なぜテレビ局は終日そんなニュースを流しつづけているのか。

いまでは不快なニュースは見ない。

チャンネルを変える。スポーツ番組を見ても、「熱男!」(もう引退した)とか「どすこーい」(縮小した)とか「最高でーす!」(移籍した)とバカなことをやるから、うっかりできないのである。もう受け狙いの、騒々しいわざとらしさは勘弁である。

こんなニュースをおれはなんのために知らないといかんのだ、と思うようになった。知る必要もないし、知ってもどうにもならん。

ただただ不快になるだけ。

それでいかにも大事だというように報じられるニュースの九割はいらんな、と思うようになったのである。

いまや国民のほぼ全員がスマホで動画を撮ることができる。街中の防犯カメラで二〇年前とは比べものにならないほど、多くの映像が撮れる。

それらがテレビ局に集まり、どんなくだらないものでも、映像であるかぎり放映しない手はない、と垂れ流す。

テレビでクレーン車のクレーンが倒れて、隣のビルの看板に突き刺さっている映像が映し出される。

一秒前まで、そんなこととわたしは関係なかったのである。それがいきなり、映像を見せられる。そして「ほお」と思う。

なにが「ほお」だ。

そして一秒後にはもう、その映像を忘れている。

そのつぎは、裏金作りに群がったツラの皮の厚い政治家たちの弁明だ。

それもまたすぐ忘れる。

そんな無意味で無駄なことが、無限に繰り返されているだけなのである。

天気予報や地震・台風・津波の情報は大事だ。そのほか、自分が気になる情報だけ知るようにすれば、それ以外のニュースはまったく不要とみなした。

そういう意味では、わたしは世間から身を引いたのである。

もうめんどうなこと、一見意味ありそうだがその実無意味なことを、いままで以上に排除しようと思ったのである。

実際にニュースを断ったスイス人実業家

最近、ロルフ・ドベリという人が書いた『News Diet 情報があふれる世界でよりよく生きる方法』(サンマーク出版、二〇二一)という本を読んだ。

アマゾンのなにかの本のレビューで、投稿者が「ニュースダイエットをしてる」と書いていたのを偶然読んで、そんな言葉があるのかと思った。

それで念のために「ニュースダイエット」で検索をしたところ、右の本を見つけたというわけである。

読んで驚いた。

最近読んだ本でおもしろかったものはいくつもあるが、最も興味をもって読んだ本はこれだった。

びっくりした。こんな人がいるのだと思った。

ドベリは一九六六年生まれの五十八歳、スイス人の実業家で評論家でもある。『Think Smart 間違った思い込みを避けて、賢く生き抜くための思考法』という本や、『Think clearly 最新の学術研究から導いた、よりよい人生を送るための思考法』などのベストセラーがある（わたしはこの二冊を読んでいない）。

わたしがニュースの九〇パーセントは不要だと思うようになったのは、二〇二三年の初めの頃である。

ドベリがこの本を書いたのは二〇一九年である。しかしかれが実際にニュース断ちをしたのは、二〇一〇年からだという（かれの妻はそれ以前からしていたという）。ドベリはそのとき四十四歳である。しかしかれの妻のほうが先輩だ。妻はなにがきっかけでニュース断ちをしたのかわからないが、いずれにしても二人とも若い。この世界でかれのように考え、しかも実践している人間がいたことに驚いた。

しかしそれまでのかれは、ずぶずぶのニュース好きだったのである。新聞を読み、テレビを見、インターネット（なんと無料だ！）に耽溺《たんでき》した。

「知識」がつき、「世界との一体感」を味わい、世界を「見通す力」を獲得したと思った。「最新情報に満たされて」酔いしれた。わたしたちの姿だ。

そのかれが、ある日、つぎのような疑問にとりつかれたのである。

ニュースの消費に一万時間（これまでの半生で？……引用者注）も費やしたあとで、私ははじめて自分自身にこんなふたつの質問を投げかけた。「ニュースのおかげで、私は世界をもっとよく理解できるようになっただろうか？　よい決断ができるようになっただろうか？」。答えはどちらもノーだった。

それにもかかわらず、私は強烈でどぎついニュースの雷雨に魅了されたままだった。ニュースが私をいら立たせることは明らかだったというのに。（前掲書、以下同）

その結果ドベリは、ニュースが自分と現実を隔てていると感じられ、長い文章を読むのが苦痛になり、注意力が「細かく切りきざまれてしまった」かのような感覚にとらわれるようになった。

かれは「私はパニックになった」と書いている。もう二度と長い文章は読めず、注意力も二度と回復することがないのではないか。

かれは新聞購読数を減らした。ニュースサイトを見るのも一日三回に限定した。「だがそれでも効果はなかった」。かれは「猿のようにニュースリンクから別のニュースリンクへと飛び移り、すぐにまた果てしないニュースジャングルのなかで我を忘れた」。

ドベリにとって、ここが転換点だった。

「荒療治が必要だった」「私はニュースと決別することにした。完全に。きっぱりと。即座に。そしてついに効果が現れた！」(＊)

かれはニュース断ちを始めた二〇一〇年以後、「まったくニュースなしの生活を送っている」。すなわち「日刊紙は購読していないし、テレビのニュースも見ていないし、ラジオのニュースも聞かず、ネットニュースに浸ってもいない」。

ドベリは徹底している。

新聞もネットもテレビもやめた。一切のニュースから身を引き離している。

（＊）　堤未果が二〇〇一年のアメリカ同時多発テロ事件を体験して、ＰＴＳＤ状態になって帰国したとき、ある高僧から一切の「人断ち」――テレビも新聞もスマホも人との交友も――を勧められた。その結果、堤は回復したが、わたしはこの話にも感銘を受けた。

わたし自身のことをいえば、夕刊はやめた。だがまだ朝刊は購読している（ほんとはやめたい）。テレビはもちろんある。大半のニュースは見ていないが。

氾濫するニュースも無視せよ

新聞や雑誌やテレビばかりではない。

電車に乗っても、飛行機に乗っても、映像モニターでニュースを流す。街角の大きいビルの壁面にはでかいモニターがあり、そこにもニュースが映し出される。

だが、それらに「目を通しても得られるものは何もない」「それらの大半は中身のない広告のかたまりだ」。

ドベリはこう断定する。

「あなたの人生における重要なこととニュースには、なんの関連もない。ニュースは楽しめる場合もあるが、基本的にはなんの役にも立たない。だがそれを認めることへの心理的な抵抗の大きさから、この事実を受け入れられない人は多い」

わたしがニュースの九割は不要だ、というのはこの理由からである。自分にとっては無意味だし、ほんとうになんの関係もないのだ。

例えば、傍若無人の撮り鉄（実際にはバカ鉄）たちの迷惑行為のニュース。――関係ないな。勝手にやってろ。

紀州のドンファンの元妻の証言のニュース。――くだらん。

子どもをいじめた柔道教室の指導者。――アホが。こんなやつのことを知る必要はまったくない。

中国で六十二歳の男の車の暴走で三十五人が死亡。――これも関係ないな。

闇バイトたちの強盗の指示役逮捕。――指示役だろうと実行役だろうと、何役だろうと知ったことか。

しかしわたしのニュース断ちは、かなり適当である。

元々は、ただ不快になるだけのニュースなど知ってなんになるのか、こういうものはいらない、と思っただけである。

そしてほとんどが不快なものばかりである。そうとわかれば、即、チャンネルを変える。むかっ腹が立ったり、イライラするのを我慢して、見ることはないのだ。

そのうち、ほかの普通のニュースまで、いったいこれを知ることに意味はあるのか、と考えるようになった。考えてみればドベリがいうように「それなしでは生きられないほど重要なニュースなど、存在しないのだ」。

実際、知らなくても、生活には全然困らないニュースばかりである。記者もアナウンサーも、ニュースを報じること自体に、なんの疑いももたず、ごく当然のことをしているというような顔をしている。

大事な仕事だ、と誇らしげでもある。いち早く知ったニュースをあなたたちに、教えてあげるよというように。

しかしわたしは、ニュースなど意味ないよ、といって、ひとにニュース断ちを勧めるつもりはない。わたしだけが実践していればいいことである。

それにわたしみたいに定年を過ぎた人間にとっては、やりやすいということもあるだろう。社交上、人から「あのニュース見た？」と話しかけられることもない。

現在のわたしは、世間から九〇パーセント降りている。

ゆえに、こんなニュース断ちはほとんどの人から、まるっきり共感を得ないかもしれない。

もちろん、それでかまわない。年を取ってから、増々世間の価値観と合わなくなったわたしが、わたしだけの心の健康のためにやればいいことである。

ただし、わたしはドベリのように、すべてのニュースを排除するつもりもない。不快なニュースは排除するが、それ以外のニュースで興味があれば、もちろん見る。

それ以外の、毒にも薬にもならないようなニュースを、漫然と見ることもないではない。ただの暇つぶしだ。

しかし見たあとで、やっぱり見なくてよかったな、と思うことは多い。いかに重要に見えても、やはり九割のニュースは不要（ただの暇ネタ）だと思う。

ニュースを断って、余った時間が有益だとは思わない

ドベリはニュースダイエットをすると、一日あたり九〇分、余計な時間を手に入れることになる、という。

一年では一か月以上もの時間ができる。これを有効に使えばいい、という。

しかしわたしは、そんなつもりでニュースはいらないといってるわけではない。空いた時間の有効利用など考えたこともない。

タバコ（酒）をやめると、その分余った金が有効に使えるな、と思うのとおなじ皮算用である。使えたためしがないのだ。

ドベリは他人にもニュースダイエットを勧めている。そして自分の経験から、ニュース断ちで「一番つらいのは、ニュースを断った最初の週だ」という。

自分が世界に対して無防備に見え、重大なことに準備ができていないように思え、

イライラするのだという。

しかし、これは関係ないな、これも不要だ、これは無駄、これも無意味、と一つひとつのニュースを退けていると、あまりもの無意味さに、「ニュース」そのものに嫌気がさしてくる。

ただおもしろいかどうか、刺激的であるかどうか、だけの判断で、つまらない出来事を「ニュース」と称して、だらだらと流しつづけているだけではないか。

しかしなにも、こんなに必死になってニュースを断つことはない。内発的な動機がない人は、無理をすることはないのである。

ただ、わたしはドベリとおなじように、すでにニュースに「嫌悪」を感じるようになっている。

こんなニュースになんの意味がある？　とか、このニュースをどんなつもりで流してるのか？　とか、ただ垂れ流してるだけじゃないか？　とか考え始めると、腹立たしくなるのである。

なにが「最新の情報が入りましたら、またお伝えします」だ。

この嫌悪には、報道に携わっている連中への嫌悪も入っている。重要な仕事をしてると思いこんでいるところが笑止である。「取材」「報道」「記者」「ジャーナリスト」「知る権利」といった言葉に、ただ乗っかっているだけの人間だ。

ドベリはメディアを、このように喝破している。

「あなたにとっての重要事項を、メディアから見た重要事項と混同してはならない。メディアにとっては、読者の注意を引くものはすべて重要なのだ。ニュース産業におけるビジネスモデルの核をなすのは、この欺瞞である。メディアは、私たちとは無関係なニュースを重要なことと称して私たちに提供しているのだ」

かれらはただ目についたことをすべて「ニュース」と称して、流しているだけだ。ニュースもただの商品である。もっといえばただの娯楽ではないか。

テレビは、防犯カメラの動画でも、素人が撮った動画でも、すこしでも目を引くものならなんでも流すのである。

もうおもしろ動画とニュースの区別も、あったものじゃないのだ。ニュースの時間が埋まれば、なんでもいいのである。それを朝昼晩繰り返し流すのだ。だから、人がテレビや携帯で見ているのも、ただの暇つぶしである。なにかを得ている気になっているかもしれないが、まったく無意味な情報である。

自分が知らない、なにかおもしろい話はないか、ぐらいのつもりである。

脳はどぎついニュースに反応する

わたしはニュースは見ないといいながら、暇つぶしのためにヤフーニュースを見ることはある。

たまに「これは！」と注目するものもあるが、ほとんどが誇張した見出しで耳目を引きつけようとしているだけの「がらくた」ニュースだ。

「私たちの『中枢神経系』は、目に見えて、人間同士の話で、スキャンダラスで、センセーショナルで、衝撃的で、カラフルで、派手で、騒々しく、変化が激しく、意見を二分するような刺激に過度に反応する」

これは、いわばスポーツ新聞あるいはタブロイド紙である。ここ数年はまったく見ていないが、嘘ギリギリの象徴である「東スポ」はまだあるのか。

スポーツ新聞系のやり方は、小説や映画でもよくある手法だ。

「衝撃のラスト」だの「驚嘆のどんでん返し」だのである。こういう惹句で客を呼び寄せようとする。

だが、ほとんどの場合、衝撃のラストで「衝撃」を受けたことはないし、驚嘆のどんでん返しなど、全然返っとらんのだ。どんでん、てなんだ?

それに、返ったところで、わたしはうれしくもなんともない。いまだにそういうことに作品の価値をかけている作家がいるが、つまらんことだ。

テレビのニュースが正しいことかどうかもわからないのに、雑多なニュースを見つづけると、わたしたちはそれを元に判断を下すことになる。

それに加えて、専門家と称する連中がもっともらしい解説をする。

テレビ局の常とう手段だ。なんでもかんでも専門家を呼ぶ。かれらの意見が正しいかどうかはどうでもいいのだ。かれらにしゃべらせたことで一件落着なのである。

「専門家」とやらも要注意である。

コロナのときに専門家から政府から世間まであわてふためいて、国民が混乱したのは記憶に新しい。なにが正しいのか、どうすればいいのか、ワクチンは打っていいのか、いまだにだれもわかっていないのである。

そんな大それたことをしていいのか？

しかし、いくら言葉をつくして（実際、ドベリの本はよく考えられている）、ドベリがニュースは不要だ、と力説しても、我々にはなかなかそうは思えない。

ニュースを断っていると話すと、最初は必ず「そんなこと、していいんですか？」といった反応が返ってくる。今後は新聞を読まないと決めただけで人生の意義がはかなく消えて、やがて社会が破滅してしまうといわんばかりだ（傍点原文）。おそらくこの疑問が一般的な反応だろう。

ニュースを読むのをやめるって？　そんなばかな。だってニュースは社会生活を送るうえで、必須のものじゃないか。

かつて大のニュース好きだったドベリは、「実際、多くの人にとってニュースのない暮らしは考えられないのだ」といっている。

「作る側も必死だ。メディアはあらゆる手段を用いてニュースは重要なものだというオーラを保とうとしているし、それどころか強化しようとさえしている」

新聞社、通信社はいまや何百人、何千人もの記者を抱える巨大企業である。テレビ局も報道局をもち、海外支局も当然のごとくもっている。

だが、そんなかれらが作っているのは、ただの「ニュース」なのだ。

大して意味のないことをやっているとかれら自身が知っていることは、「見出し」で耳目を惹きつけようとしていることからもわかる。

テレビニュースは「インパクトのある映像」を使いたがり、「ここで伝えられるのは重要なことばかりだという印象を与え」たがっている。

かれらにとって、スクープを抜いた抜かれた、ということが大事らしいが、なに、一日二日経てばみんなわかることじゃないか。

読者や視聴者にはなんの関係もないことに、かれらが内輪の論理だけで、血道を上げているだけのことである。


わたしが大学入学のため上京し、アパートが決まったとき、一番に考えたことは「まず新聞を取らないとな」ということだった。

高校時代に新聞を読んだ記憶はないが、大人になったら、新聞は取るもの、という考えが刷り込まれていたのである。

それで購読したのだが、取っているということに安心したのか、ろくすっぽ読みはしなかった。見るのはスポーツ欄やテレビ番組欄だけ。

しかし、わたしもまた漠然とこのように考えていたといわざるをえない。

「大多数の人が、社会に積極的に関与し、教養ある人生を送るには、世界の時事問題を日々把握しなくてはならないと信じているというのも明白な事実だ。ニュースを断つことは、モラルに反する行為だと即座に決めつけられる。教会の日曜礼拝に参加しないことが、中世にはモラルに反する行為だと見なされていたように」

これはしかし、自分で考えて、こういう考えに達したわけではない。

いつの間にか、このように刷り込まれたのである。

もっといえば洗脳されたのだ。

ニュースは世界を知るために必須である、というように。

知識・教養を身につけるためにも有用だ、というように。

テレビは事実を伝える速報性に優れている。新聞はその出来事の意味や背景や影響について解説をする。

学生諸君が入社試験を受けるにも、また社会人になってからも、社会生活で一家言をもつためにも、ニュースほど大切なものはないよ。

わたしたちは、かれらによってこのように洗脳されてきたのだ。

だからドベリがニュース断ちをしようと考えたとき、このような不安に襲われたのである。

「自分は人からひんしゅくを買うような行為をしでかしているような気がしていた。

いろいろな情報に通じていることは、りっぱな市民の義務のひとつであるかのように感じていたからだ」

自分の行為に自信がなかったのである。自分で洗脳を解除する怖さだ。

社会的つきあいでは時事問題が話題にあがることがある。

ドベリは相手に合わせ、「できる限り芝居をして乗り切った」といっている。

ドベリの洗脳解除の考え方はこうである。

「ものごとには自分が影響を及ぼせることと、及ぼせないことがあるということ。そして、自分が影響を及ぼせないことに対して感情を高ぶらせるのは愚かだということだ」

「ニュースで報じられることの九九パーセントは、あなたには影響を及ぼせない」

つまりあなたはなにもできない。

世界で戦争が起きても、地震が起きても、大量の人が難民になっても、「アメリカ大統領が馬鹿げたツイートをすること」も、我々はなにもできない。

こういうことをいうと、ドベリはきまって「世界の貧困層の苦しみや、戦争や残虐行為にはまったく関心がないということですか？」と非難されるという。

これはわたしが自問することでもある。

そんなことを無視してもいいのか、と罪悪感に襲われる。

ドベリの答えは、こうだ。

わたしたちはニュースで取り上げられていることだけに関心をもつ必要はあるのか。世界には、報じられていること以外にもっとひどいことが行われているはずではないか。そっちはほったらかしでいいのか。

とするならニュースはほんの一部にすぎないのではないか。

すなわち「メディアの消費を通して世界の出来事に関心を持つ」など、「これ以上大きな自己欺瞞があるだろうか？」。

関心をもったところでなんの役にも立たないのだ。

わたし自身は関心をもつ。しかしその関心は無意味なのだ。

つまりそれはただ、自分は関心をもっているし、懸念もしているし、義憤も感じている、という自己欺瞞にすぎない。

だから最近は、無理やり関心をもたないようにしている。つまり考えないようにしている。考えても、どうにもならないからである。

わたしたちは世界の出来事の一パーセントも知らない

ドベリの、ニュース断ちをした結論はこうである。

時間が経つにつれて「私の論拠は明確になり、人生の充実感が増し、時間の余裕ができ、決断の質が上がり、心の平静も深まった」と書くまでになったのである。

いいことずくめである。

しかしこれが、可能なかぎりニュースを集め、読み、知識を得たうえでの結論ではなく、逆に一切のニュースを断ったうえでの結論であることが重要である。

それでもまだ納得いかない人にはこういっている。

「試しに、自分自身にこう問いかけてみよう。『先月読んだニュースのなかで、最も重要度の高かった一〇件はどれだろう？（現在はもう報じられていないニュースのなかから選んでほしい）』。ほとんどの人は、重要なニュースを五件も挙げられない。知識として身につかないものを、あなたはなぜ消費する必要があるのだろう？」

新聞・テレビは紙面の量と放送時間が限られている。それに見合っただけのニュースを報じることになる。結果として報じたものだけがニュースである。報じられなかった無数の出来事はニュースではない。

ニュースを断つようになると、世間で価値あることのようにみなされている多くの出来事が、まるでばかばかしい無価値なものに見えてくる。

金メダルも、世界新記録も、年収何十億円も、一食七万円の寿司も、総売上高何兆円も、大御所もレジェンドも、今年の流行語大賞も、無価値（無意味）といえば無価値（無意味）である。

これはわたし自身の考えだ。

それにニュースは日々、世界中で報じられているが、世界の出来事の一パーセントも報じられていないのではないか。

真実の追求もへったくれもない。

刺激的なもの、おもしろいもの、奇矯なものだけを、ニュースとして垂れ流しているだけである。報道部が聞いてあきれるのだ。

しかも粉飾・誇張し、針小棒大に報じる。

そして、そんなニュースにわたしたちはコロッと騙されるのだ。

例えば、昨年十一月、兵庫県知事出直し選挙があった。

それまでテレビは「パワハラ知事」「おねだり知事」と連日、おもしろおかしく報じていたのが、一転、前の知事が当選し、かれは一躍「ヒーロー」となったのである。

わたしはすっかり騙されていたのだが、なんだこれ？

「おねだり知事」もおかしいが、「ヒーロー」もおかしくないか。

新聞・テレビは「オールドメディア」と揶揄され、信頼性が失われた。

代わって、ＳＮＳなどの「ネットニュース」が持ち上げられ、その優位性が喧伝された。

しかし、オールドかニューかの問題ではない。

「ニュース」それ自体が不要なのだ。

ニュースはすべて恣意的で、ご都合主義的で、場当たり的である。自分とはなんの関係もないことで、だれもかれも、なにを大騒ぎしているのだ。

そんなこんなもひっくるめて、テレビ局はあろうことか、ニュースにランキングをつけだした。要するにどのニュースがおもしろいかの人気ランキングである。

ニュースはただの娯楽、とはこのことである。


わたしたちはニュースを読むことによって、知識を得、教養が高まると思い込んでいるが、素人のくせに、「マトリ」(麻薬取締官）とか「ジソウ」(児童相談所）などの言葉を覚え込んでは、ちょっとした専門家気取りになり、「生成ＡＩ」だの「Ｘにポスト」だのを覚えては、時代にちゃんとついていってるよ、と思いたがっているだけである。

あるニュースについて人から聞かれたときのために、わたしたちは、自分の意見ももっていないとな、と思う。街頭インタビューをされるかもしれないし（ばかテレビ局のやっつけ手段だが、しかし、これほどくだらないものもない）。

わたしにも、そういう見栄はある。

大人として、社会人として、あるいは一家の長として、一応どんな問題に対しても一家言はもっていないとな、という見栄である。

けれどドベリはこういっている。

わたしたちはニュースを見ると、「ひっきりなしに意見をつくりだすよう急き立てられて」いるように感じられ、その都度、「『心の平静』と『集中力』を奪われる」。

このあとがいいのだ。

しかし、「何に対しても意見を持たなくてはならない」と考えるのは大きな間違いで、「あなたの意見の九〇パーセントは不要」である。

さらに、こう断言している。わたしは大賛成である。

「あなたには、あれやこれやに対して意見を持たない自由も、そうすることによってあなたの心を波立たせない自由もある」のだ（傍点原文）。

テレビのニュースを見て、心が波立つ。ところが一晩眠ると、もう忘れている。新聞を精読する。ところが翌日には、もう忘れている。しかも新聞紙は、翌日にはただのゴミである。

見ても、読んでも、なにも蓄積しない。それが連日、繰り返される。誰も頼んでないのに、無意味なニュースが量産される。ひとしきり空騒ぎをしたあとで、すべて消えてゆく。

なんだこれ？。

8

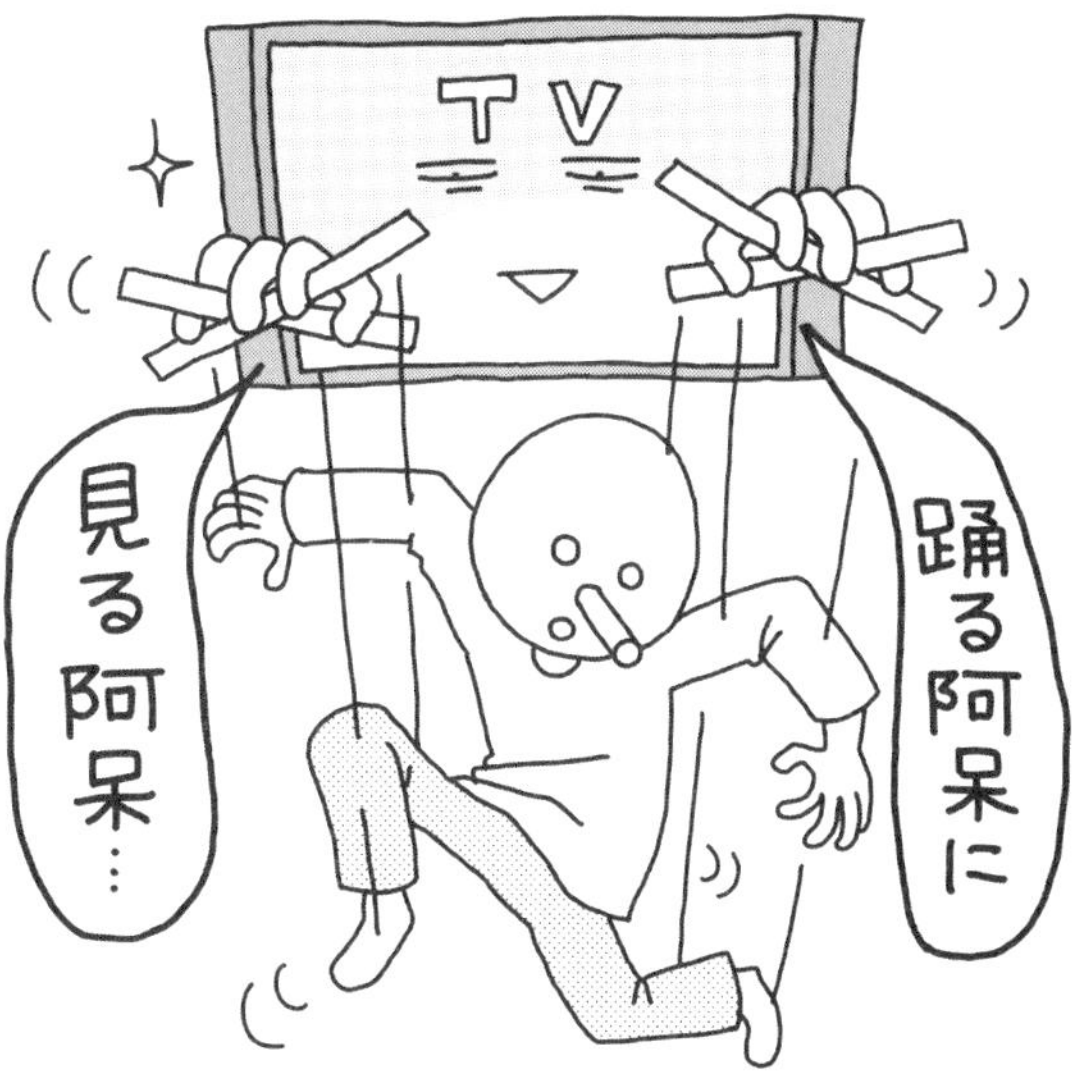

テレビ断ち、芸人断ち、CM断ち

以前はテレビ擁護派だった

ついこのあいだまで、わたしは異常なほどのテレビ好きだった。コロナ前までだね。テレビをくそ味噌に批判する人がいると、たしかにそういう面はあるけど、しかしそう捨てたもんではないですよ、と擁護してた記憶がある。

NHKのテレビ将棋は好きだし、「ブラタモリ」(いまはなくなったが)や「新日本風土記」や「プロジェクトX」など、好きな番組はいくつもあった。

お笑い番組も好きだった。お笑い芸人には好き嫌いがあったが、サンドウィッチマン、ナイツ、銀シャリは好きだった。サンドウィッチマンはライブのDVDもすべて借りて見たりした。

いま考えてみると、還暦をすぎて、あほだった。

テーマによっては、テレビ朝日の「アメトーーク!」は見てた。「中学イケてない芸人」などおもしろかったのだ。

数年前まで、周囲にあきれられながら、日本テレビの大晦日の六時間特番「ダウンタウンのガキの使いやあらへんで！　絶対に笑ってはいけない」シリーズも録画して見ていたくらいである。

いかにも、あほでしょ。

しかしおのれの、あほ、を自覚するのは難しかった。

それがコロナ後、なぜかお笑い番組もお笑い芸人も嫌になったのである。

芸人が出ている番組は極力避けるようになった。サンドウィッチマンでさえ、うっとおしくなった。「タレント人気度」ナンバーワンということで特に伊達は調子に乗っていると思われた。

調子づいてるのは、笑福亭鶴瓶もおなじだ。

それでもサンドウィッチマンやナイツや銀シャリは、まだいい。

その他の有象無象の芸人がうるさいのだ。番組に〝爪痕を残す〟ということらしく、ただただやかましい。

そのくせ、腹が立つほどおもしろくないのだ。

もうお笑い芸人が出ているというだけで、チャンネルを変える。

なにが癇《かん》に障《さわ》るかというと、まずそのうるささである。やたらに大声を出せばいいと思っている。

二番目に、わざとらしさである。その「作為」「作意」が腹が立つ。

三つ目は、のさばりすぎなところだ。

もちろん、かれらも生きていかねばならないから、テレビその他表舞台に出ることは当然である。だがその出方の、のさばり感が気にいらない。

いや、芸人が嫌いなら、わたしが見なければいいだけのことである。

嫌いな理由を挙げることは必要だろうが、だからといって、他人にそのことを強要するつもりはない。

それに、だれも聞くわけがない。お笑い？　おもしろいじゃないか、という人が多数だろうから。

タレントと芸人なしでは、なにもできないテレビ局の無能

ドベリは、テレビも見るなといっている。読者に「テレビも売ろう」と呼びかけている。そのうちテレビを買う人は、だれもいなくなるだろうから。

ドベリは徹底している。ホテルでは「テレビのスイッチは切っておこう。一番いいのはプラグを抜くことだ」(前掲書)とまでいっている。

けれど、わたしはこれには同意しない。

テレビのニュースは見なくなったが、〝NO TV, NO LIFE〟だからである。

好きな番組はいまでもある。

冒頭で触れたもの以外にも、TBSの「プレバト!!」(最近、少し飽きてきた)、テレビ東京の「ローカル路線バス乗り継ぎ対決旅　路線バスで鬼ごっこ」(ほんとうは、「太川陽介と蛭子能収のローカル路線バスの旅」が好きだった)、NHKの「明鏡止水」(終了した)、NHK-BSの「チャリダー」「ランスマ倶楽部」、BS-TBSの

「町中華で飲ろうぜ」(芸人が出ているが)、BS-日テレ「ドランク塚地のふらっと立ち食いそば」(これも芸人だが)などである。

そんな幼稚な番組を見てるのか、だったらニュースを見るほうがよっぽどましだよ、という方がおられるだろうが、わたしは同意しない。


芸人を避けていると、テレビ番組の大半を避けなければならないことがわかった。かれらが出ているのはお笑い番組だけではなかった。

いまやモーニングショーの司会(生意気にMCとかいう)や、昼のワイドショーのコメンテーターに起用され、納まりかえっている。

テレビドラマにはお笑い芸人枠があるようで、NHKの連続テレビ小説や大河ドラマにもいまや必須の人材だ。

CMでも女優たちと共演し、芸人たちはさぞかし、「お笑いの株も上がったなあ」と感無量だろう。

バラエティ番組はかれらの稼ぎ場所だし、そんなこんなでかれらは、いまやスタジオでも街中でものさばりかえっているのである。

フジテレビの愚劣な27時間テレビ「日本一たのしい学園祭！」や、日本テレビの無能な24時間テレビ「愛は地球を救うのか？」の長大特番は、お笑い芸人たちの独壇場である。

ほんとうにこれだけははっきりしている。かれらがいなくては、テレビ局はなにもできないのだ。これでは、かれらにのさばりかえるなというほうが、無理である。

選挙番組にもタレントを起用するざまである。東京都知事選に元乃木坂46の山崎怜奈を起用して、人気沸騰した石丸伸二に質疑をさせ、物議をかもした。

なんとか自局の独自性を出そうとしてじたばたした結果なのだろうが、ほんとうをいえばテレビ局は、もうなにをどうしたらいいのか、わからないのである。

デーブ・スペクターは「開票特番でタレントを起用しているのは日本だけ。必要ない。おかしいですよ」(「スポニチアネックス」、二〇二四年七月一二日)と、さすがにほんとうのことをいった。

テレビ局はこれまで、吉本興業とジャニーズにおんぶに抱っこだった。

バレーボールの国際大会になると、応援団と称してジャニーズのタレントを登場させていたフジテレビ。

大きな大会の前にサッカー選手を呼び、ゴールしたらこういうこと（漫才師のギャグ）をしてくれませんか、と約束させていたテレビ朝日。これにマスコミ好きの選手（吉田麻也）が悪乗りして約束し、実際にやってたりしてた。

そんなスポーツ選手にタレント気取りの女子アナを絡ませて、ど下手なインタビューをさせたりしていたのだが、この傾向は増々ひどくなるばかりである（あとでまた触れるが、かれらの世間知らずが丸出しである）。

テレビ局はまた、「専門家」なしではなにもできない。けれど「専門家」を呼んでは、自分たちの思い通りに動かそうとする。

ラジオ番組などで自由に発言をしている森永卓郎はこういっている。

「私は忖度せずにフルスイングでやるということで、気にしない。誰に何を言われようが、言いたいことを言うということを貫くと、何が起きるというと、番組を降ろされるんですよ」(「スポニチアネックス」、二〇二四年七月二日)。

和田秀樹も、爆笑問題の太田光が司会の番組に出たとき、プロデューサーから「好きに話してもらって構わないのですが、太田さんだけを論破するのだけはやめてくださいね」と釘を刺されたという。(『テレビを捨てて健康長寿』ビジネス社、二〇二二)

二〇〇五年、小泉純一郎政権の支持層として、広告会社スリードが想定した「B層：主婦層や若者、老人層。IQが低く、構造改革に中立か肯定的」なるものがある。

テレビ局はどうやら、視聴者のメインターゲットをこの「B層」に集中する「B層戦略」をとっているようである。

しかし新聞が「抜いた」「抜かれた」という内輪の価値観で動くように、テレビ局も「数字(視聴率)をとった」「とれない」という内輪の基準だけに振り回されている。すべての見苦しさはここに原因がある。

新聞もテレビも、世間知らずなのである。

偽物の有名人を生みだす

アリストテレス、アウグスティヌス、ベートーベン、ニュートン、ダーウィン、アインシュタインらの偉人は全員、「能力によって名声を得ていた」。

ところが「ニュースの登場によって、それまでは聞いたこともなかった奇妙な人たちが突然あちこちに出没するようになった」と、ドベリはいっている。

「社会にも、私たち個人の生活にもまったく意味のない理由で世間に知られるようになった、『有名人』という人たちである」

トークショーの司会者、スポーツキャスター、スーパーモデル、ポップスターなどに、メディアは「名声と業績のつながりを断ち切って」、かれらに「有名人」の称号を授け「虚偽の名声」が作り出されている。

日本でも、アナウンサーの人気ランキングが作られる。

安住紳一郎アナや水卜麻美アナが人気者になる。もちろんかれらは極力表情には出さないが、内心は調子に乗っている。

あとテレビ局がつねにもち上げるのは、新しいタレントである。

ひとたび人気が出ると、各局の取り合いになる。すこし前のマツコ・デラックス、最近ではあのちゃん、あたりだろうか。

テレビ局は鵜の目鷹の目で新しい人物を探す。局で使い回し、賞味期限が終われば使い捨てである。

テレビ局が使えば、国民の間で人気が出る。

和田秀樹は「『東京のテレビに出ている人はえらい人』という根拠のない刷り込みが世の中にはあると思います」(前掲書)といっている。

その通りだと思う。

一つは、地方の人にとって、東京はいまだに「えらい」らしい。

テレビのロケなんか見ていて、「東京から来ました」というと、いまだに「おー」という声があがるのである。地方の人、もっとしっかりしろよ。

もう一つは、テレビに出ている人は「えらい」のである。

地方の人の反応は、「あ、テレビに出てる人だ」「テレビで見たことある」だ。出川哲朗が我が町に来ると、ものすごい人だかりができるのである。

いつのまにか、大物芸人なるものもでき上がった。

明石家さんま、ビートたけし、タモリがＢＩＧ３と呼ばれている。これに所ジョージを加えてＢＩＧ４ともいうらしい。

わたしはこの四人を「偽物の有名人」だとは思わない。

しかし、芸能界（芸能マスコミ？）ではやたら「ＢＩＧ」だの「大物」だの「大御所」といいたがるが、わたしはそれが気にいらない。

人は「テレビに出てる人」を崇拝しないほうがいい。

テレビ局はなんでもできると思っている。

秘仏といって一般参詣客にはもったいぶる寺も、テレビにはあっさりと撮影を許す。光をがんがん当てても気にしやしない。テレビが来るとなると、自治体や漁業や農業団体は、のぼせ上がって大歓迎をするのだ。

ロケとなると大変だ。周りが持ち上げるものだから、俳優がのぼせ上るのも無理はない。

ドベリはメディアは、その人物が有名だからという理由で有名人について報道するという。

その結果、かれらは自分とはなんの関係もないのに、「私たちは自分を実際よりも『卑小な存在』に感じてしまう」。

だが、彼らが人格的にあなたより上、ということはないのだ。

ただの男であり、ただの女だ。

あたりまえではないか。あなたは「卑小」でもなんでもないのだ。

いまではBIG3も凋落気味で、実力からいえば、ダウンタウン一強のような気がしないでもない（お笑い界内部では、そこまでいっていないだろうが）。

ある意味、ダウンタウンの二人はテレビ局の社長よりえらいらしいのだ。

だが松本人志が、スキャンダルを起こした。

自分が「大物」でなんでもできると思った人間と、かれを崇拝する（実際はそうでもない）人間が浮き彫りになった。

松本はテレビに出なくなって、「早く、お笑いがしたい」といったという。

しかしいまとなっては、もう松本の顔がいやである。いまさら松本を見て笑えるか、ということが、まったくわかっていないところが、鈍感である。

昔、わたしはどちらかといえば松本が好きだった。

今田耕司とやっていたＭｒ・ＢＡＴＥＲ《ベーター》は傑作だと思った。

こうしてな、こうしてな、と相手に乗りながら、いきなりキレる、というギャグはよく考えたものだ、と感心した。

だがもうだめである。

有吉弘行もいつのまにか、大物芸人になったようである。

各局がまるでステータスのようにかれの番組を欲しがり、うちももってるよ、と知らせたいのか、番組名に「有吉弘行」の名前を冠した番組ばかりだ。

かれの手下の芸人を含めた有吉御一行のハワイ旅行を番組特番にしている局もある。

あれは視聴率がいいのだろうか。だれが見ているのだろう。

これ以外にもテレビは、わけのわからない「大物」を生み出してきた。以前のみのもんたや田原総一朗もそうだが（ばかばかしい）、和田アキ子は「ゴッド姉ちゃん」とかいわれて腫れものに触るような対応で、黒柳徹子にいたっては不可侵の「国民的最高タレントのトットちゃん」である。

自分たちで作り上げた虚像だが、一般の人間にはよくわからんのである。

しかし「偽物の有名人」となると、最近ではユーチューブやSNS界隈で有名になっている人間が圧倒的に多そうである。

まるで知らない人間が有名になっていて、だれだこれは?と驚く。

べつに知りたくもないのだけど。

ある日、朝一〇時に近所のショッピングモールに行ったところ、あれは二〇〇メートルくらいあっただろうか、ほとんど女子（若い子からおばさんまで）ばかりの行列ができていて、なんだこれは、とびっくりした。

SHOW-WAという秋元康プロデュースの、六名のコーラスグループのCD発売の日だったらしい。あれもSNSでは盛り上がっていたのか。

テレビに出ると概ねバカになる

引退したスポーツ選手が顕著なのだが、かれらが第二の人生として選ぶテレビ局のキャスターや解説者、ゲストになると、ほとんどの人が情けなくなる。テレビ局の要求もあるが、継続して仕事をもらうために、迎合してしまうからである。

初めてCMに起用された俳優が必死に演技をしているのが哀れなように、テレビ局に迎合するのは、しかたないとはいえ、哀れである。

いう通りにしないと、森永卓郎や和田秀樹みたいに番組を下ろされる。

情けないタレントの実名を出してもいいのだが、さすがに控えよう。

もう顔を見たくないのは元テニス選手のMである。嘘くさく暑苦しい。自分は人気があるとわかってて、やってるのが鼻につく。

以前はそんなに嫌いでもなかったのだが、あまりにも調子に乗りすぎたのだね。

それと同等程度に嫌いなのは、大打者の息子で元野球選手のN。

この男は世間をなめまくっている。

元サッカー選手のMも必死感が出すぎて、よろしくない。おなじサッカー選手だった内田篤人はなんとか踏みとどまっている。

できれば早いとこ、テレビとはおさらばしたほうがいい。中田英寿や本田圭佑はテレビ無しでもやっているではないか。

まあ人のことだから、余計なお世話なのだが。

女子の元スポーツ選手もひどい。

見たくないのは元フィギュアのMと、元サッカーのこれまたMである。

もう怖いものなし、の態度がひどい。

二人ともこんな女子だとは思わなかった。

テレビ局に巣食うバカたち

テレビで、ただ大声を出してバカ騒ぎをするしか能のない芸人が、見るのもいやになった。それと相和しているアナウンサーという連中も、見ていると腹が立ってきた。男も女もである。

テレビに出ている人間は、だれもわざとらしい。「作為」「作意」だらけである。わたしはそれが嫌になったのだ。

テレビ朝日の「羽鳥慎一モーニングショー」で、バカ踊りをやる気象予報士も腹が立つ。それに合わせてふざけている玉川徹はなにをやっているのだ。

ＣＭで熱演をする俳優たちにもうんざりである。

国か都かの記者会見に、自社のアナウンサー（女子アナ）にどうでもいい質問をさせ、その姿を放映したがる。

視聴者に、「うちの子（女子アナ）、がんばってますよ」というのを見せたいのだ。

国会中継で質問に立って、地元の選挙民に「あ、うちの先生だ！　がんばってるなあ」というのをアピールしたいアホ議員とおなじである。

まったく感覚がずれてることがわからない。あんたの局のアナウンサーがどうしようと視聴者は興味はないのだ。だから世間知らずというのである。

テレビ局ではニュースの時間にも序列があるらしい。

視聴者にとってはそんなことどうでもいいのだが、例えばNHKでは夜の七時台、九時台のニュースにはどのアナウンサーが担当するかが大きな問題となるらしい。

NHKをやめたアナウンサーが民放に移ると、これまたどの局のどの番組担当になるかが話題となり（契約金も）、最近ではテレビ朝日の「報道ステーション」に大越健介が就任した。これがどれほど意味があったのか。

TBSの「サンデーモーニング」の関口宏の評判が悪くなると、膳場貴子に替えたものの内容はまったくおなじで、まだ「喝！」だとか「あっぱれ！」だとかやってる。

日本テレビの藤井貴彦アナウンサーが視聴者の人気ランキングで一位になると（わたしにはかれのどこがいいのか、さっぱりわからんが）、夕方の「news every.」

から夜十一時台の「ｎｅｗｓ ｚｅｒｏ」にコンバートされた。

なんだか知らないが、大抜擢らしい（有働由美子の後任）。

たまたま見てみると、藤井をやたらワイプ画面で抜き、かれの意識した表情を映し出している。女性視聴者へのサービスのつもりか。

いっておくが、これも視聴者にとっては、テレビ局の人事などまったくどうでもいいことなのだ。

いまや芸能人気取りのアナウンサーだが、素に戻ればただの素人である。

米ＮＢＡのステフィン・カリーが来日したとき、ＮＨＫのアナウンサーが、「日本のカリーと呼ばれている富永啓生選手にメッセージを」とカリーに〝お願い〟する一幕があったという。

カリーは社交辞令を口にしたが、視聴者から「富永にも失礼だし、日本の記者はその程度か？　恥さらし」「こんな何も知らないアナに質問させるな」と批判が続出したという。

そう、日本のテレビ局のアナウンサー（記者も）はこの程度である。

サッカーのクリスティアーノ・ロナウドが来日したときも、日本テレビの「ズームイン!!サタデー」のインタビューで女性タレントが、「日本の二刀流といえば大谷翔平選手なんですけど、大谷選手はご存じですか」とバカ質問をし、ロナウドは即座に「ノー」と返答した。

どっちも事前に、アナウンサー部でどんな質問をするか全員で考えたはずだが、その結果がこのざまである（まさか、ひとりにまかせたのか）。

オリンピックのサッカーで、日本が負けていると、実況アナウンサーが解説者に「○○さん、どう、挽回したらいいんでしょうか」と訊いた。

あほが。

だれもわからんし。それに、グラウンドには届かんし。

テレビ局のアナウンサーといっても、もうこんなアホばっかりである。

ことあるごとに、「一応言葉のプロですから」と口幅ったいことをいうが、実態は素人以下である。

ただ早口言葉をカムことなくいえる連中、というだけのことだ。

新聞社、テレビ局は広告費でもつ

新聞・テレビなどの報道マスメディアは一応、自らの存立意義の第一義を、報道の自由、表現の自由、真実の追求、知る権利などに置いている。

だがそれはあくまでも建前である。

川口のクルド人問題などは、大手メディアではほとんど報じられない。ほかにも報じられないニュースは多々ある。

すると報道しない自由、などと開き直り始めたのである。

結局は自分たちの都合次第である。

真に重要なことは、他企業とおなじように、営利の追求であり収益である。なにしろ会社あってこその、お題目であり、取材であり、記者だからである。

新聞の収入は購読料と広告収入である。しかし現在は両方ともじり貧である。だから以前なら載せないような広告までなりふりかまわず載せるようになった。

元々は本の広告の定位置だった。

そこに「勃起障害の治療薬」(あかひげ薬局のヘヤーグロン、一四三〇〇円）の広告など、以前は低俗週刊誌の裏表紙にあるような広告を載せるようになっている。

ほかには「お葬式・お墓のお金と手続き」とか「頻尿・尿もれがみるみる改善する食べ方」などの健康ムック雑誌や、「きもの高価買取」の広告が侵入したのだ。

営業は贅沢いうな、というだろうが、編集は忸怩たるものがあるだろう。これは毎日新聞の場合だが、ほかの新聞もおなじかどうかは知らない。

重要な資金源である広告収入が減ると死活問題である。崇高な理念を掲げていても、切羽詰まれば背に腹は代えられないと、どんな広告でもつかむようになるのだ。

新聞以上にテレビは広告代で成り立っている。

ネットでの広告は増えている。新聞・テレビ・雑誌などのオールドメディアと広告費は逆転したといわれるが、いったいだれが見てるのか。

ユーチューブのCMがどんどん長くなり、スキップもさせない。

もう腹が立ち、イライラする。グーグルのやり方は、お金第一のウォール街の連中とおなじである。

ドベリは、企業の広告が世界を誘導しているという。

だが非難されるべきは、「彼らから広告収入を奪い」「メディアの経営基礎をも奪ったインターネット巨大企業、グーグル、フェイスブック、アマゾンだ」。

アメリカでは「どの記者の背後にも四人以上のPR担当者がいる」といわれている。「パブリック・リレーションズ産業は、全世界で一年間に一五〇億ドルから三〇〇億ドルもの収益をあげている。ジャーナリストと消費者が、いかに彼らの思うように操られ、彼らに影響され、好感を持つ対象をコントロールされているかを示す明確な証拠だ」

ドベリはいずれフェイクニュースはAIで作られることになるといい、このように指摘している。

「そうなると、どんなに批評眼のある人でも、抵抗するのはほぼ不可能になる。つくり出されるニュースが事実に即しているかどうかは二の次だ——主な目的は、クリック数を増やして広告収入を上げることなのだから」

ではどうすればいいのか。

ドベリのアドバイスは簡潔だ。「ニュースの消費を完全に断つのが一番」「ニュースと同じくらい、広告は不要だ。排除しよう」である。

実際くだらない広告ばかりだ。それにつられて、CMで熱演をする俳優たちにもうんざりである。

「できるだけ低レベルながらくたを、できるだけ大量にまき散らすビジネスモデルの上に成り立つメディアの数は――とりわけ無料の新聞やネットニュースメディアには――どんどん増えている」

そうだよな、ヤフーニュースなんかほんとがらくたばっかりだよ、とわたしたちは思う。

しかし「彼らががらくたを掲載するのは、消費者ががらくたに夢中だからだ」。

ぎゃふん。

9

意味も価値もない人生を生きていく

静かな暮らしを願うが、それができない

年を取ったせいなのかわからないが（たぶん、そのせいなのだろう）、なんにも煩わされない静かな暮らしを望むようになった。

そのためには、できるだけ人づき合いは少なく。

世間づき合いも最小に。

そして、つぎのような言葉に心の底から共感するようになった。

心形刀流の剣士・伊庭八郎(実在の人物)は、五稜郭の戦いで三発の銃創を受け、最後の一発で喉を貫かれ、二十七歳の短い生涯を閉じた。

池波正太郎は、八郎にこういわせている。従者の鎌吉にいう。

「人間というやつはなあ……つまるところ、食う、飲む、眠る……そして可愛い女の肌身を抱くという……そいつが生甲斐よなあ、それが、いまわかった。人間は、このために生きているのさ。どうだ、違うかえ？」(『幕末遊撃隊』新潮文庫、二〇二〇)

ここには、どんな形而上の考えも含まれていない。

一切の思弁がない。ただ生物・動物としての生き方だけ。

これだけで生きられたらどんなにいいか。

「どうだ、違うかえ？」

まあ、違うと思う。

しかし一周して、最後に、ここに落ち着くのかもしれない。

それならばそれでいいはずなのに、それでも人は、どうしても余計なことを考えてしまうものだ。

そう生きられるなら、文句のない静かな生涯だ。

なのに、そういう生き方は唾棄すべき生き方だ、という考えに潰されてしまう。

あるいは、剣が強くなるにはどう修行したらいいか、とか、勤皇か佐幕かとつまらぬ考えに振り回されてしまう。

どうしても人間は、理想的な生き方から逸脱してしか、生きられない。

こういう言葉も心に響く。

ビリー・ホリデイは生前ささやかな夢を語っていたという。


田舎に大きな土地を持って、望まれずして生をうけ、望まれずして白くない肌に生まれついた子どもたちの世話を焼いてみたい。私のママのような世話好きの女性3、4人に、どんな子どもであっても愛に徹してもらおう。

私は私のやり方で教えたい。どうしたらあるがままの自分で楽しく生きていけるかを。

（NHK「映像の世紀バタフライエフェクト　奇妙な果実　怒りと悲しみのバトン」二〇二四・五・十三）


ビリーは不幸な生まれの子どもを引き取り、疑似親子でも「あるがままの自分で楽しく生きて」いくことを夢見た。

しかしこの夢はついえた。

伊庭の言葉も、ビリーの言葉も、じつは、邪心のない静かな生き方が不可能であることを示唆している。

秋篠宮妃紀子さまが五十八歳の誕生日に、秋篠宮家に対するネット上の批判について「心穏やかに過ごすことが難しく、思い悩むことがあります」と述べられた。五十八歳は老齢ではない。

しかし「心穏やかに過ごすこと」は、別段わたしみたいな高齢者の望みだけではなく、だれにとっても一番の希望ではないか。

けれどそれを妨げるのは、心ないSNSであり、マスコミである。

要するに他人である。

それにしても皇室も、スマホをもち、SNSを見るのか。

わたしが「心静かに暮らせればいい」と考えるようになったことは、やはり老年と関係がありそうだ。

奈良に頻繁《ひんぱん》に行くようになったのも、静謐を求めるようになったことの一環かもしれない。京都ではなく、奈良。

しかしその奈良も、十五年前の奈良と現在の奈良ではもう違っている。

田舎臭さ、ださささがなくなりつつある。

人間の理想——人間元素だけの世界で生きる

定年退職をしてからとくに、世界はかくも愚劣で、人間は果てしのない愚物だ、ということにいまさらのように気づくことになった。

そんなことはもちろん、前からわかっていたことだ。しかし老年になってからは、そのことがよりリアルに、より生々しく、感じれらるようになってきたのである。

勤めていたときより、ろくでもないニュースにより多く、より長時間晒された結果ではないか、と思っている。

三十七歳の黒人保安官タイタス・クラウンが、このようにいう。

「母さんが死んでから、おれは人々を守るためならなんでもすると自分に誓った。秩序と構造を大切にして生きようと。なぜならこの世界は残酷で、気まぐれで、人のことなど気にしてないし、母さんが愛した教会も、病気を治してくださいと祈った神も、おれたちが毎日そのなかで泳いでる毒薬を解毒できないただの偽薬だから。法執行機関に入ったのはそれが理由だ」(前掲書、S・A・コスビー『すべての罪は血を流す』)

日々、目にするのはろくでもない世界だ。

そんな世界で、タイタスは「秩序と構造を大切にして生き」ようとし、そのためには「人々を守るためならなんでもすると自分に誓っ」て、保安官になったのである。

ひとりだけの人間元素、孤軍として、まっとうな法執行をやろうと考えたのだ。

しかしそこもまた、権力をもった白人の出世主義者たちが、タイタスらを牛耳ろうとする世界だったのである。

静かで落ち着いた暮らしは、そういうろくでもない世界から隔絶した、人間元素のなかで実現される。

わたしは人間の最良の部分——以前にも触れたが、誠実、謙遜、思いやり、勇気、など——を人間元素（本質）ととらえている。

人間はその人間元素のなかだけで生きていくことが理想である。

タイタスは、自分ひとりだけはそのような人間であろうとしている。こんなアメリカ人、現実にいるのかと信じられない気がするが、いるのだろう。

そして人間はその理想的形態をいくつも考え出した。

ひとりの人間元素が、男女の対になってつくるのが恋人関係であり、結婚だ。

同性同士の対の世界は、山中伸弥と平尾誠二に見られるような誠の友情になる。

人間元素の世界の最良の形態が家族である。

父と母と子の世界。その関係には作意、作為がない。

田舎への移住や、「ポツンと一軒家」（朝日放送テレビ）もそのように見える。

その世界の中で、死ぬまで仲良く生きていくことができたらいうことはないはずである。すくなくともわたしには、そう思える。

家族経営の農業、中華屋、カフェ、食堂はみなそうである。

気心の知れた友人集団もある。気負いも、ライバル意識もなく、つきあえるような友人関係である。

それを拡大したものがコミュニティかもしれない。武者小路実篤らの「新しき村」もそういう理想の下で作られたものであろう。

アーミッシュの共同体もそうだろうし、自ら意志したわけではないが、結果としての限界集落も、人間元素の世界といってもいいかもしれない。

いずれにしても人間は、相手のことを思いやり、作意のない、気心の知れたものたちと家族を作ることを理想としたのだ。

これほどいい人間関係はない。

こんなしあわせな家族が、どこかに存在している。

けれど多くの人は、理想を求めながら、それができない。そこから逸脱する。

内部から壊れることもあるが、多くは、人のことなどまるで気にしない、悪意と邪心をもったほかの人間が壊すのである。

学校なんかに行かなければ、会社なんかに勤めなければ、しあわせな暮らしができた人がいたのではないか。

しきりにそういうことを考える。

森博嗣の「静かに生きて考える」

理想的な人間元素だけの世界で生きている幸運な人がいる。

森博嗣《ひろし》だ。

森博嗣は一九五七年生まれだから、現在六十七歳。工学博士で元名古屋大学大学院助教授。作家である。

六十七歳だからまだ老人ではない。あえていえば、初老か。

かれは「見渡す限りの森林とそのむこうの草原とさらに遠くの小高い丘」に囲まれたところで暮らしているようである。

「どこまでが自分の土地なのかわからないくらいの広さだという。そこに小さな線路を引き、自作の機関車を走らせている。

どこかニュージーランドのような外国かなとも思うが、どこに住んでいるのかわからない。土屋賢二と仲がいいらしい。

そこで森は、奥さんと犬たちと暮らしている。


僕は、この自分の敷地から滅多に外に出ない。例外は、車を運転してドライブに出かけることくらい。（略）もう十年近く、電車やバスには乗っていないし、人混みに近づく機会もない。ショッピングセンターや映画館や劇場とかへも行かない。仕事でも人に会わない。編集者とはすべてメールでやり取りをしている。電話はまったく使わない。ＳＮＳは一切しない。

一人でも充分楽しく生きられる。しいていえば、犬がいる。犬とは毎日遊んでいる。一緒に寝ている。一人で工作をして、本を読んで、ネットで映画を見て、音楽を聴いている。毎日が楽しくてしかたがない。（森博嗣『静かに生きて考える』ベストセラーズ、二〇二四、以下同）

うらやましい。

「一人でも充分楽しく生きられる」と書いているが、そのために最低限必要なのはお金である。「恒産なくして恒心なし」である。

しかし、森にそういう心配はないのだろう。

「毎日が楽しくてしかたがない」と森は書いている。

そんなことあるのかと思うが、本人がそういうのだからしかたないのである。

森博嗣は、ひとり人間元素の男である。

「一人でも充分楽しく生きられる」といいきっているが、なかなかここまではっきりいえる人間はすくない。

奥さん（と犬で）対の人間元素の世界をつくり、そこで過不足なく生きている。

他人はいっさい不要である。

ちょっと極端な気もするが、ここまでしないと、かれの世界は壊れやすい。

人間元素の世界は「フラジャイル」(割れ物注意)なのだ。

ここまで「ひとり」を絶賛した人はいない

森は徹底している。気持ちがいい。

（僕の場合）たとえば、気の合いそうな人が近所にいたとしても、おしゃべりをしようとか、お茶でも一緒にどうかとか、そういった時間を持とうとは思わない。何故なら、自分一人の時間を最優先しているからだ。毎日、やりたいことが沢山ありすぎて、人と話をするような暇はない。他者に関わるなら、本を読めば良い。それが最も効率が高いし、優れた才能を理解する機会にも巡り合える。

というより、森はもう他人とつきあう気がまるでないのだ。

いいねえ。

はっきりといってないが、もしかしたら森は、古市憲寿のように、だって他人てバカが多いじゃないですか、と思っているのかもしれない。

古市はもちろんこんなことといってないし（いいそうだが）、御両人にお詫びするしかないが、わたしがそう思っているのである。

それはともかく、森博嗣は「人とつき合わないことがこんなにも豊かな時間をもたらすのか」といっている。

やっぱり森は、気心が知れた人間以外、世間的な意味での人づき合いがとことん嫌なのである。

だが本音をいえば、みんなそうではないか。

面倒くさいだけだ。

それをみんな仲良くしましょう、などといわれて育ったから、ストレスなのだ。

べつに不愛想になれというのではない。

ニコッと笑顔で遠ざける、でいいのではないか。

この店は客同士の距離が近いから、知らない人ともすぐ友だちになれるんですよ、って、全然うれしくはないのだ。なんでみんな友だちになりたがるのだろう。

わたしが日々のなかで憩いを感じるのは、静かな喫茶店（客が少ない）で、目の前にアイスコーヒーがあり、イヤホンからはゲイリー・ムーアの「One Day」（あるいはスピッツの「楓」）が聴こえていて、好きな文庫本を読んでいるという状況だ。

ここに他人は必要がない。

以前はこれにタバコが必須だったが、いまはもうそれは不要となった（ごくたまに、無性に喫いたくなるときはある）。

脳梗塞のときに、やめたのである。

わたしは普段、人づき合いがほとんどない人間である。

できれば森のように隠遁したいのだが、それもかなわない。しかたないから、街の暮らしのなかで、隠遁しているのである。

人づき合いをやめ、高齢になりつつある森が、日々のなかでこのように感じるとき、わたしは自分のことのようにわかるのだ。

「実は、歳を取るほど、ささやかな幸せを見つけることができるようになる。近所を歩いて、少し汗を流すだけで嬉しくなる、といった類《たぐい》の幸せである。ほんの小さな普通のことが、喜びを与えてくれる。若い人には信じられないだろう。これは、若いときほど大きな期待を持っているからにほかならない（同書）」

こういうときだけ、年を取るのも悪くはないな、と思うのである。「ほんの小さな普通のことが、喜びを与えてくれる」というのは、ほんとうである。

森博嗣はとことん静かである。

生き方も、自然のままでいい、といっている。

「なにかを成し遂げようと力まない方が良い、そんな「生き甲斐《がい》追求」に拘《こだわ》らず、まずは自分自身を諦《あきら》めるところからスタートすると、気持ちが楽になる。一生、気持ちが楽なまま生きていられるとしたら、それはそれで、まずまずの人生ではないか」

これはしかし、老年向けの心構えである。

いまのわたしにはわかるが、若者は「自分自身を諦める」ことなどできず、「まずまずの人生」など、ちっとも望んでいない。

成功と有名を夢見ている。

アイドルか、漫画家か、オリンピアンか、俳優か、歌手か、を夢見ている。

わたしはまったくそうではなかったが。

そういう意味では、わたしは若いときから、老けていたようだ。

ツイストを踊るやつを、バカにしていたのだから。

人生の意味などなくていい

人生にはなんの意味も価値もない、というのはわたしにとっては自明のことである。

不思議でもなんでもない。あたりまえのことだ。

意味や価値なら、世の中にあふれている。さまざまな人が提示したものだ。

人類はあらゆる意味や価値を作ってきたのである。

人生の意味なら、愛すること、家族と生きること、仕事をすること、人を育てること、真理を知ること、などがある。

人生の価値なら、成功すること、富を得ること、有名になること、歴史に名を残すこと、大発明をすること、などである。

選《よ》りどりみどりだ。好きなものを選べばいい。なければ、自分でつくればいい。


と、わたしは考えてきた。

ほんとをいえば、意味と価値のちがいがわからない。

しかし、こんなところで間に合っているから、わたしはこれでいいのである。

そういうわたしには、生きる価値も意味もない。

生き甲斐もない。目的もない。

そのいずれがなくても、生きていかなければならないし、それで生きていけるからである。現に、生きている。もうあれこれ考えない。

「生物学的には、我々が生きていること自体に『意味』なんてない」といっている人がいる。

池田清彦である。

生きる意味なんんか、どうでもいいんだ、と。

「歳をとったらうまいものを食って今日明日の楽しみだけを考えて、適当に生きているのが一番で、死病になったら諦めるほかはないと思う」(池田清彦『本当のことを言ってはいけない』角川新書、二〇二〇)

本章の冒頭の伊庭八郎とほとんどおなじだ。

伊庭のときとおなじように、わたしは賛成はしないが、わたしが毎日「適当に生きている」ことはその通りである。

賛成しない部分は、「今日明日の楽しみだけを考えて」というところだ。

そんなに楽しいことなどないし、考えてもいない。

たいして「うまいもの」も食ってはいないし。

しかしそんな日々に不満はないのである。

池田はもっと過激なことをいっている。

「それは『社会の役に立たなくていい』というマインドをもって、『自分の人生を楽しく生きる』ことを心がけることだ」(『孤独という病』宝島社新書、二〇二二)

社会の役に立っても、立たなくても、どっちでもいいと思う。

しかし役に立つのなら、そのほうがいいことはいうまでもない。なんでも斜に構えればいいもんじゃないのだ。

お医者さんや看護師さん、お巡りさんを見れば、いい。

池田は、社会の役に立とうという「大それた」「つまらぬ」ことは考えずに、「生きているだけで儲けものだ」と思えばいいのだ、と明石家さんまみたいなことをいっている。

「生きているだけで儲けもの」というのはその通りだと思う。

だが、「自分の人生を楽しく生きる」というところが、気に入らない。

池田清彦も「楽しむ」教の信者か。

「楽しく生きていけばいい」とも書いている。

余計なことである。

そんなに楽しいことなどないわ。

森博嗣は「毎日が楽しくてしかたがない」と書いていた。しかし、それは自身のことだから、森の勝手なのだ。

働かないで生きていけるならそれでいい

池田はもう絶好調である。
「『意味という病』のなかで最も厄介なのは、『人というのは額に汗水垂らして働くことがまっとうだ』というものだ。これは非常に悪質な嘘で、『人生の意味』を捏造しているといっても過言ではない」(前掲書)
池田は個人は他人に迷惑をかけなければ、どのように考えどのように生きようとその個人の完全に自由である、という完全自由主義者（リバタリアン）だから、このような考えをもっている。

汗水たらして働くことはまっとうだ、という考えは「悪質な嘘」だ、という池田の考えは極端だから、現在でも（今後も）到底、世間に受け入れられることはないだろう。


しかし、わたしは最近こう考えるようになった。

もし一生働かなくても、例えば親の資産で生きていけるなら、働かなくてもいいのではないか、と。

実際、遊んで暮らしたい、というのは表立っては公言を憚《はばか》られる軽薄な考えではあるものの、多くの人間が根本的に抱いている願いではないか。

しかしこんな甘い考えも、社会では受け入れられないだろう。

そんな幸運なやつはほんの一握りだ。

ほとんどの人間は、働かないと食っていけないのだ、と。

自分の食い扶持を自分で稼ぐのは、あたりまえではないか、と。

しかし、池田は、働く意味をこうはいわないのである。

かれの説明は手が込んでいるよ。

こういっている。

人間が、なぜ「働くことは美徳」とか「働かないと一人前とはいえない」などの「嘘を学校なんかで教えているのかというと、ごく一部の遊んで暮らせる人間のためには、文句をいわずに働く『奴隷』が必要だからだ」。

というのも、「労働者が働いてくれないと資本主義そのものが潰れてしまう」からである。そこで「働くことは人として当たり前」みたいなプロパガンダを流して、「安定的に奴隷を供給しているわけだ」。

というのだが、そんなわけはあるまい。

では資本主義以前はどうなのだといえば、君主制や封建制をもち出すかもしれない。池田は、育て、作り上げ、洗練を追究するという、仕事（労働）の喜びというものがあることを無視している。

宮大工や織物職人や刀鍛冶やへら絞り職人らが、なぜ「究極」を目指すのか、あえて無視している。

「奴隷」という言葉ひとつで、すべての仕事を貶め侮辱することは、紙と思弁で仕事をする学者の駄法螺《だぼら》である。

一切の強要や拘束を認めない池田の考えは、かれなりには一貫しているのかもしれない。しかしこういうことをいうのは、あまりにも調子に乗りすぎである。

「我々の人生には意味などない。本来はネコと同じように自分の気持ちのおもむくままに生き、食事をし、楽しいことをして死んでいく。これが正しい人生だ」

ネコとおなじように「楽しいことをして」生き、死んでいく、という件は、養老孟司の愛猫だった「まる」に影響されすぎている。

それに「まる」が「楽しいことをして」いたかどうかはわからない。

ここでも「楽しい」ということが、池田にとって強迫観念となっている。いや、ただ時代に迎合しているだけか。

「楽しいこと」をするのは、けっこうなことである。

わたしは「楽しいこと」は嫌いだ、という人はいないであろう。

けれど、楽しく生きたいなど、わざわざ口に出していうこともないではないか。

そんなことより、昨日とおなじ今日、今日とおなじ明日、というように、平穏な日々がつづいてくれること。

それさえ叶うなら、人はそれ以上のなにを望むことがあろうか。

あとがき

ひとりでいるとき、自分を老人だとは思わない、あるいは、老人であることを忘れるという無意識は、どこに着地するのか。

どこにも着地しそうにないんですな。

けれど、あえてこういってみる。

我に返るとき、それは一瞬にして消えてしまう意識にすぎないが、その幻のような時間にいるあいだは、至純な時間のように思える、と。

そんなに堅苦しく考えることもないのだが。

養老孟司氏と池田清彦氏は友人同士で、昆虫採集とその標本づくりという共通の趣味をもっている。養老氏の標本づくりの一端をテレビで見たことがあるが、専門的で本格的なものだった。

たしかそのとき、池田氏も養老氏の家に遊びに来てたな。

養老氏は、もし好きに生きていいといわれれば、解剖などせずに、ずっとこれ（昆虫採集や標本づくり）をやっていただろう、といってた。

かれらには、ほんとうに好きなことがあり、ほんとうに楽しいことがあるのだ。池田氏がいう「自分の人生を楽しく生きる」ということは、そういう自信がいわせる言葉だろうと思う。

かれらがこの趣味に没頭しているときは、まさしく無我夢中、没我（我を忘れる）の状態であろう。そのときは当然、老人という意識も皆無である。

もちろん、いくら好きで楽しいことだからといって、一年三六五日、朝から晩まで四六時中、そんなことをやっているわけにはいかない。

それでも生活の中心に、夢中になれる「好きと楽しい」ことがあるのは、幸せの要件だといっていい。

人は我を忘れているときが、長ければ長いほど、幸せなのではあるまいか。

しかし、静かな愉しさであれ、刺激的楽しさであれ、そういうことがある人はまだいい。

わたしには、両方ともないのだ。我を忘れるような「好きなこと」も「楽しいこと」もないのである。

弱ったね。

どうすればいいですか？

わたしが地味に考えたことは、生きているだけで愉しいという境地である。

これは厳密には、楽しいというのとちょっとちがう。

生きていて、安心する。

あるいは、生きていて、ホッとする。

生きていることはいいな。ちょっとだけうれしい。

といったような、気分といったらいいか。

例えば、リュックを背負って、歩き出す。その一歩が軽い。お、いいぞ、と思う。

すいすい歩ける。いいねえ、という気分である。

空は、ばかっ晴れ。いや、曇りでもいい。

この地味な生の肯定感のいいところは、おれには好きなことや、楽（愉）しいことがないなあと悲観する必要がないことである。

なにか没頭できる趣味を探さないと、と焦る必要もないことだ。

なにしろ、生きていること自体が楽（愉）しいのだから。

これは、ちょっと生命の危機を感じる経験や、非日常の体験があったほうが、気づきやすい。

病気になると、健康が一番、と身に沁みてわかるようにである。

その意味でわたしは、脳梗塞にかかったことや、家の中でふらふらになり、頭から倒れ込み、一ミリも体が動かずに救急車をよんだことや、道を歩いていていきなり顔面から地面に突っ込んだことなどを経験したことは、無駄なことではなかったなと思っている（事態が軽かったからこそいえるのだが）。

そのことで思い出したことがある。

たしか日野原重明先生（一九一一―二〇一七。一〇五歳）だったと思うが（あるいは日野原先生の恩師だったか？）、若い医者（インターン？）たちに、このようにいっていたことを思い出す。

いい医者になるには、死ぬ以外のことはすべて体験した方がいい、そうでないと患者の気持ちや痛みはわからない、と。


だが、わざと経験をすることはない。

ふつうに生きていると、雑念に惑わされて気づきにくい。

しかし自覚的に、時々、もし歩けなくなったら、もし住むところがなくなったら、もし大切な人を失ったら、などと仮定してみるといい。

ただふつうに生きていること、昨日とおなじ今日があることとの大切さがわかるだろう。実体験をしなくても、卓球の早田ひな選手のように、現状の自分が恵まれているのはあたりまえではない、ということを知ることが可能となる。


最後に一言お礼を。

今回の本も、前回の『ひとりぼっちの辞典』を作っていただいた、清流出版編集部の古満温氏にお世話になった。感謝申し上げる。

二〇二四年（令和六年）十二月

勢古浩爾

勢古浩爾（せこ・こうじ）

1947年、大分県生まれ。明治大学政治経済学部卒業。洋書輸入会社に入社、34年間勤続し、2006年に退職。以後、執筆活動に専念。著書に『定年後のリアル』（草思社文庫）シリーズ、『ひとりぼっちの辞典』（清流出版）、『ただ生きる』（夕日書房）、『自分がおじいさんになるということ』（草思社文庫）、『バカ老人たちよ！』（夕日書房）など多数。

イラスト／カツヤマケイコ
ブックデザイン／山崎平太（ヘイタデザイン）

おれは老人？ 平成・令和の〝新じいさん〟出現！

2025年1月23日　初版第1刷発行

著者　勢古浩爾

発行者　松原淑子
発行所　清流出版株式会社
〒101-0051
東京都千代田区神田神保町 3-7-1
電話　03-3288-5405
ホームページ　https://www.seiryupub.co.jp/

編集担当　古満 温
印刷・製本　シナノパブリッシングプレス

乱丁・落丁本はお取替えいたします。
ISBN978-4-86029-574-5

本書をお読みになった感想を、QR コード、URL からお送りください。
https://pro.form-mailer.jp/fms/91270fd3254235